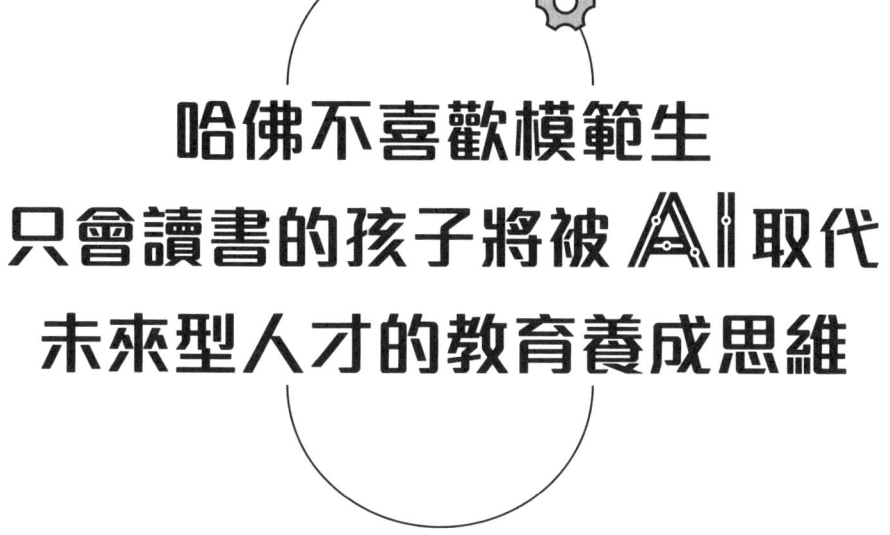

哈佛不喜歡模範生
只會讀書的孩子將被 AI 取代
未來型人才的教育養成思維

作者：安宰賢

若你來自未來，
會如何教育孩子

　　還記得 2022 年在韓國爆紅的電視劇《財閥家的小兒子》嗎？在這部電視劇中，主角陳導俊（宋仲基飾）投資並收購一間小型網路書店「Codabra」的股票，這間書店正是日後赫赫有名的亞馬遜公司（Amazon.com）前身；還在韓國經濟蒸蒸日上之時，將韓元換成美元，順利度過外匯危機；更參與今日「上岩洞數位媒體城」的藍本——「新首爾城」的建設。他之所以能這樣做，是因為他來自未來，因此對當時很多人沒有預料到或認為不可能發生的事都已經知道結果了。甚至是後來的關稅問題，他也能搶先別人一步提早部署，將危機化為轉機。

看到這部電視劇，身為教育工作者，同時也是一位爸爸，我自然而然會想：「如果我也擁有像陳導俊一樣的能力，會怎麼樣？」如果我已經經歷過未來，又回到現在，我會如何教育孩子？那時的教育會和現在一樣嗎？我希望正在看這本書的讀者也能想像一下，透過這樣的提問和思考，可以徹底改變我們的教育觀點。

　　據了解現在最受家長喜愛的職業是醫生。有許多學生即便是錄取了與大企業建教合作，畢業後保障就業的名校理工科系，但還是會為了報考醫學系、牙醫系、藥學系等而放棄註冊，這正反映現代人偏好醫療相關職業的典型現象。醫學系、藥學系之所以會成為熱門科系，最大的原因就是大眾普遍認為醫療人員在經濟和社會上具有較高的地位和職業穩定性。但是讓我們想一想，現在上小學的孩子在 20 年後成為醫生，但 20 年後的醫生是否仍擁有今日的社會價值呢？20 年後的醫生仍是許多人羨慕的職業嗎？

　　當然，醫生的職責是治療病患，不管時代如何變化，醫生永遠都是不可或缺的職業。尤其在高齡化速度飛快的社會，醫學技術更是絕對必須。然而，透過穿戴式（Wearable）技術發展，在日常

序

生活中已經出現了許多不同方式佩戴和使用的醫療器具，AI（人工智慧）利用遺傳基因方面的資訊數據，可以提前預防身體疾病。在某些特定領域也引進機器人手術，並逐步發展中，未來勢必會進一步普及。如果這種趨勢持續下去，即使醫生在未來仍是令人嚮往的職業，但也無法保證醫生的工作內容是否與現在一樣。也就是說，未來想要成為醫生，所需要的技術或能力可能會與現在要求的非常不同。

讓我們再回到前面提出的問題，如果你像劇中主角一樣來自未來，你會如何培育你的孩子？可以確定的是，一定會採取與現在不同的方式來培育。當然，從未來回到現在這種事，完全是戲劇中的虛構情況，現實裡不可能發生這樣的事。因此，我們不會是陳導俊，我們對未來一無所知。但是從趨勢來看，世界正在迅速變化，這是任何人都不得不承認的事實。

原本以為只有人類才做得到的事，像是需要創造力的藝術領域，現在 AI 技術也已經滲透，產生巨大影響力。例如只要輸入想要的畫風和幾個關鍵詞，不消幾分鐘，就能產出一幅特定畫風的作

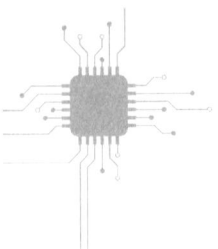

品。甚至已經有一種 AI 系統,只要輸入角色的類型和動作、場面描述等,就可以憑空製作出一部影片。在第四次工業革命時代,AI 技術將更發達,面對這樣的進步,如果還是針對某種特定職業為目標,只認真做好家長、老師交代的功課,透過預習和反覆背誦考取高分……,這樣做究竟意義何在?用這種方式學習的孩子在未來真的能稱作「人才」嗎?

　　我在韓國出生,小學時移民到美國,從小接受美國的公共教育。2010 年在常春藤盟校、美國最有名大學之一的哥倫比亞大學展開教育工學碩士、博士課程。在這段期間,我以「成為未來英才的孩子應該接受什麼樣的教育」作為研究主題,努力尋找答案。畢業後,我發揮專業優勢,觀察美國、中國、韓國的教育系統,成為教育顧問,將之前學習和研究的內容運用在實際教學中,而這本書就是經歷上述的歷程,以及這段時間的經驗為基礎所得出的結果。

孩子將生活在什麼樣的未來，無人知曉

2016 年世界經濟論壇（World Economic Forum. WEF）發表的《未來職業報告》，在當時製作報告的孩子們還是小學生，後來進入社會後，有高達 65％所從事的職業，是自己在小學生時期不存在的職業。乍聽之下非常驚人，但其實只要想一想就會發現不足為奇，在那份報告發表之後到現在，地球上已經發生了無數變化。伊隆‧馬斯克（Elon Reeve Musk）的 Space X，將發射太空火箭過程中的部分載具火箭回收再利用，取得革新性的成功。民間太空企業 Space X 至今已成功發射火箭及執行宇宙任務達 300 多次，並與其他同業一同開啟太空旅行的可能性。馬斯克曾說要在火星開發人類殖民地，當時所有人都認為是不可能的任務，但如今也許即將成真。韓國政府也發表了中長期的太空計畫，目標是在 2032 年成功登陸月球，2045 年完成火星地質調查。

實體經濟領域也發生急劇變化。2009 年誕生，從 2016 年開始逐漸引起大眾關注的比特幣等虛擬貨幣，現在已是許多人注目的投資標的。比特幣是基於「區塊鏈技術」的加密貨幣，區塊鏈（Blockchain）可以預防虛擬貨幣交易時可能發生的駭客攻擊、篡改數據。這個技術是將所有交易記錄，都寫入與全體網路參與者共享的分散式帳本（Distributed Ledger Technology. DLT）中，可以大幅加強數據的透明性和安全性。另外，透過智慧型合約（Smart Contracts）功能，履行自動化，在金融、房地產、法律等許多領域帶來革新性變化。現在人類生活中有許多部分都在虛擬空間進行，因此文件或數據的真偽與否非常重要。在這種情況下，區塊鏈技術不僅對虛擬貨幣，甚至對今後整個產業都會產生巨大影響。

　　不僅如此，現在還有無人駕駛的汽車在道路上行駛、無人機在空中飛行。可以執行許多任務、以大數據為基礎的 AI，在各種產業領域都占有重要地位。不久前，中國使用能切斷基因特定部位以進行基因矯正的「基因編輯技術」（Clustered Regularly Interspaced Short Palindromic Repeats. CRISPR），讓患有後天性免疫缺乏症

候群（即俗稱的愛滋病）的父母所生出的嬰兒，在一出生即獲得對部分愛滋病的免疫能力。馬斯克設立的神經科技公司 Neuralink 還發表，在四肢癱瘓的患者大腦中植入電腦晶片，讓患者可以憑想法就能控制電腦。

從 2020 年初爆發的新冠疫情，加速了 AI 科技、通訊技術的變化。為了防止病毒傳播，許多服務轉變成非面對面的方式，網路基礎系統得以進一步強化，與此相關的平臺企業獲得巨大收益和市場占有率。簡單來說，從訂餐點到學校課程、公司業務等都已實現了網路化，這是我們所有人這幾年都經歷過的事實。正如世界經濟論壇在多年前預測的，幾年前根本就不存在的職業陸續被創造出來，而脫離時代潮流的職業或產業領域，正在迅速失去位置。

我目前正開發因應美國急劇變化的未來時代而需要的教育課程，對象為生活在不確定性時代的各國兒童。2023 年 2 月，我在韓國為家長們舉行了 ChatGPT 研討會。ChatGPT 是 Open AI 開發的生成式 AI 對話型聊天機器人，在研討會中，初期版本的 Beta 服

務才剛實施沒幾個月，當時參加研討會的家長們看到 ChatGPT 根據我輸入的提示，瞬間就產出隨筆、詩、K-POP 歌詞等不同型式的內容，無不感到驚訝萬分，對其能力讚嘆不已。

僅僅一年後，ChatGPT 升級為 GPT-4 的形式，對教育界產生了巨大影響。目前，包括跨國企業谷歌推出的 Gemini 在內，許多生成式的 AI 應用正在所有產業領域以驚人的速度進行革新。從 ChatGPT 的例子中也可以看出，未來就是 AI 的時代，若説我們的父母那一代是經歷從類比技術轉移到數據世界的「數位移民」(Digital Immigrant)，那麼現在的孩子就是從出生開始就生活在數位世界的「數位原住民」(Digital Native)。如果身為數位移民的父母不願意學習和接受新時代的潮流，只憑自己成長過程的經驗，把自以為的價值觀強加給孩子，那麼孩子的競爭力將會大大減弱。

變化的新時代需要新人才

　　隨著第四次工業革命正式開始，社會需要的全球人才條件也在發生變化。在 AI 和自動化系統日常化的世界，需要的是電腦和 AI 無法替代的人才。擅長背誦、在規定範圍內考好試題、完成交辦任務的能力，這些早已經被電腦科技超越。另外，隨著資訊通信的發展，只要有學習的熱情和興趣，就可以不受時間和空間限制，透過「大規模開放線上課堂」（Massive Open Online Course. MOOC），即使不去海外留學，任何人都可以上到哈佛、MIT 等國際頂尖大學的課程。

　　這些變化為所有人帶來了公平的教育機會，但如果換個角度看，也暗示著教育落差反而會進一步拉大。善於利用先進技術的人，可以不受時空或費用的限制，獲得展示自己能力的舞台。但對於不會運用這些科技的人來說，一切都只是遙不可及的幻想而已。值得慶幸的是，即使你現在對新科技或新媒介毫無頭緒，但只要能認知到重要性，產生「我也想學」的動機，就有無限的可能，因為

網路上有很多方法,可以學習包括 ChatGPT 在內的新技術與相關知識。

身為一位育有 11 歲、8 歲和 2 歲兒子的父親,同時也是規劃未來教育的教育顧問,我每天都不斷思考,什麼樣的教育才能讓孩子有效地面對即將到來的未來。1995 年 2 月,美國著名的《新聞週刊》(News Week)曾刊載一則頭條,標題是「The Internet? Bah!(網路?笑話!)」,顧名思義是一篇質疑、嘲笑網路未來可能性的報導。該報導充滿信心的表示:「有誰會在網路上使用信用卡消費?」「有誰會不用電話和傳真,而是使用電子郵件?」「誰會閱讀電子書?」

但如今的世界已經變成怎樣,相信你我都很清楚。當時大多數人對「未來的生活型態將會轉到網路與線上」這一點感到嗤之以鼻,但包括亞馬遜創始人傑夫‧貝佐斯在內的許多名人,卻早看準了時代脈動。貝佐斯辭去華爾街的工作後創辦了網路書店,今日市值總額已超過 2 兆美元,是全球眾多企業爭相效仿的成功典範。亞馬遜的成功在於總是提前一步察覺變化,並順應變化趨勢而改變。在一

切都快速變化,同時又不確定的時代,懂得「先發制人」和「適應變化」才是成功,不,應該說是生存必備的能力。

我認為今後的教育方向,應該轉向培養這種能力為重點。但家長如果只是因為別人都這麼做而盲目跟風,擔心孩子跟不上而焦急地把孩子送去補習班學寫程式,或是早早就讓他們學習英語或數學,卻沒有觀察瞬息萬變的世界趨勢,也沒有明確的教育願景,只是一味地把孩子塞進補教體系中,在那樣的教育下孩子只會學到「唸書的技術」,在未來會很難具備足夠的競爭力。

身為美國常春藤盟校的入學專家,至今我看過許多不同類型的學生,其中不乏非常優秀、聰明的孩子,但有不少人好不容易考上名校,一路順利唸到畢業後步入社會,卻在遇到公司會議、討論時,面臨不知如何表達自己意見的困境。也經常遇到因為無法構思出符合主管期望的企劃案,在職場上遭遇重重關卡而向我傾訴的人。看到那些在校期間人人稱讚的模範生、資優生,成績總是名列前矛,但到了社會上卻遇到巨大的障礙,無法發揮原本的能力,實屬可惜。因此我下定決心,要用不同的方式來培育孩子。

我希望不管是我自己的孩子或教過的學生，都不要只在意眼前的成績，而是要能夠獨立、自主，踏踏實實地開拓未來。現在的孩子要學的不是如何多背一個英文單字、數學公式，那些都只是過好生活所需要的片面知識，他們真正要面對的未來，是技術發達、同時也存在著各種問題的時代，例如氣候危機、環境問題、低生育率、高齡化社會。未來社會需要的人才，是能夠以創造性和道德倫理兼具的方式解決問題的人。

　　如果孩子的學習目的只停留在進入名校、進入大企業就職，那會是非常令人惋惜的事。學無止境，學生時代真誠的學習態度，長大後會成為對趨勢變化靈活以對的動力。這本書中包含了我多年的經驗和想法，如果能夠為讀者帶來對教育的新視野，那將是身為一個作者最高興的事了。

2024 年春
安宰賢

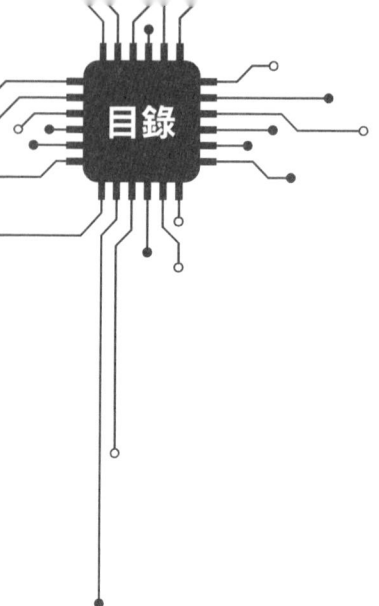

目錄

序
若你來自未來,會如何教育孩子　　　　　　　　　3

第一部　全球教育趨勢正發生變化　　20

第一章　哈佛不要模範生　　25
SAT 滿分也進不了哈佛　　　　　　　　　　　27
常春藤盟校要找的是另一種人才　　　　　　　37
為什麼注重「個人特質」?　　　　　　　　　44

第二章　現在我們在學習什麼　　49

在全球教育最前線工作的體悟　　51

在美國寄宿學校看到的趨勢變化　　61

發現未來教育的方向：密涅瓦大學和以色列大學　　65

目前的韓國的教育狀況　　73

第三章　現在我們需要的人才　　81

翻轉者正在改變世界　　83

走向世界的競爭力，全球敏銳度　　87

不怕失敗的創新思維　　96

日益重要的軟實力，6C　　100

你的孩子具有永續發展的可能性嗎　　104

應對變化永遠不嫌遲　　108

第二部　培養孩子成為未來人才的課程　　114

第四章　培養翻轉者的 5 種方法　　119

未來教育的起點是佈置一張不一樣的桌子　　121

團隊：不合作無法成為翻轉者　　127

設計思維：引領革新的卓越思考法　　134

遊戲系統：為孩子內心注入強大動力的工具　　142

意志力：成為翻轉者的最後一片拼圖　　147

第五章　在家也能輕鬆完成的實戰 AI 課程　　157

以人工智慧一同打造孩子的未來　　158

用 ChatGPT 與孩子一同制定旅行計劃　　162

用 ChatGPT 製作孩子的第一本書　　　　　　　　　175

活用谷歌，就能培養孩子的未來力量　　　　　　　184

結語
無論世界如何變化，都絕對不會失敗的教育法　　　191

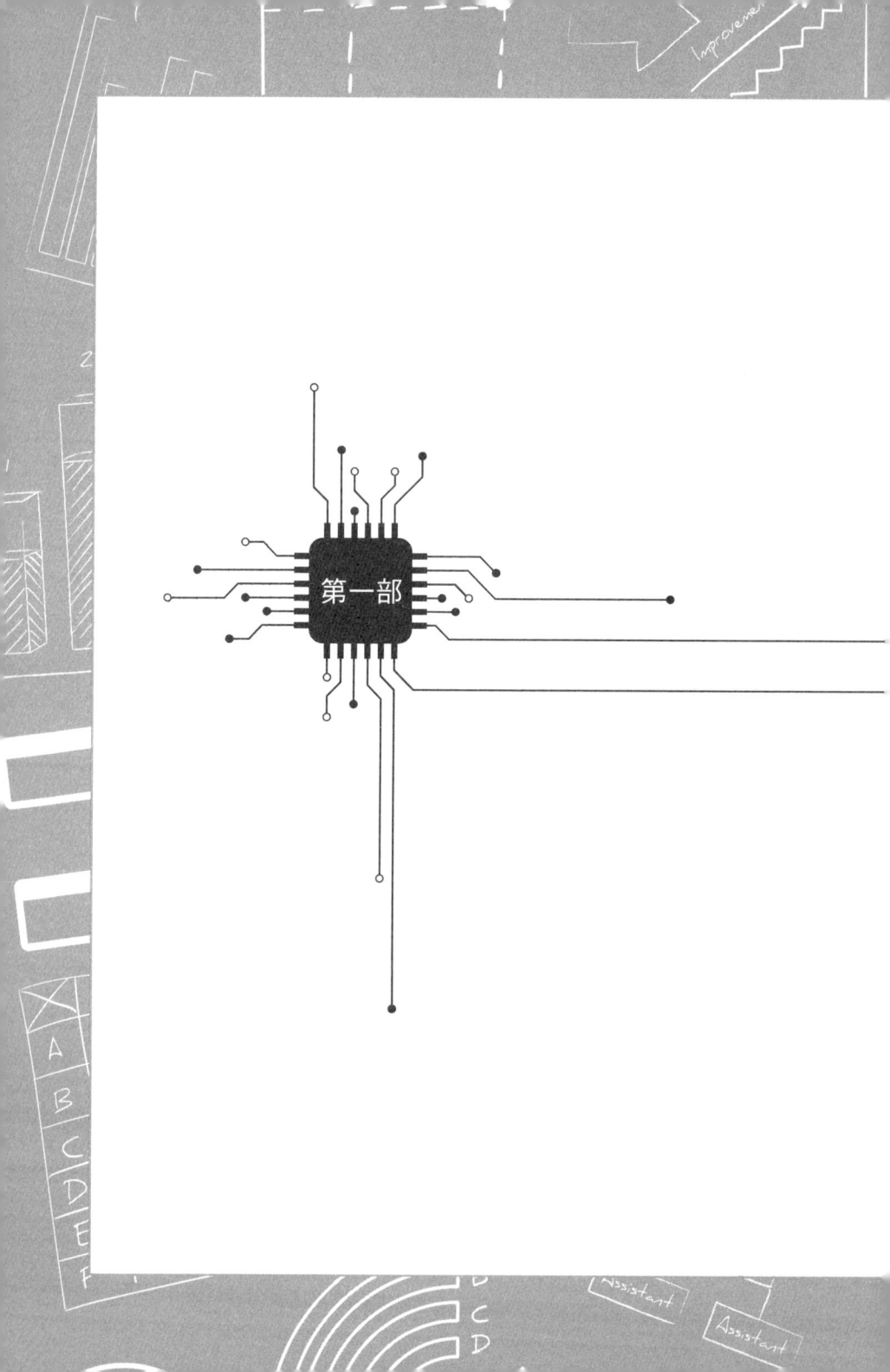

全球教育趨勢
正發生變化

在日常生活中，大多學生都只專注於眼前當下，例如為了繳交學校或補習班的作業，或為了即將到來的考試而學習。大人們也一樣，都急於完成眼前必須做的事，例如許多家有年幼子女的父母，幾乎所有時間和精力都被每天發生的育兒大戰消耗殆盡。當然，重視眼前的課題並盡心盡力一點也不為過，因為我們常認為這些事正是決定未來成功與否的要素，尤其在子女教育方面更是如此。

但我們不能只看眼前，要記住，今天我們正生活在一個快速變化、技術革命不斷推進的世界，同時也是一個需要「永續發展」的世界。我在序文中也提到，現在的孩子，出生在一個由生成式 AI 重寫整個社會基礎的時代。

為了在這樣的時代生存，除了探索將面臨何種變化，也必須了解今天所做的選擇，會對明天的生活產生多大影響。當然，即使科學技術有著劃時代的發展，新技術革新了我們的時代，但包括學業在內的整體生活上，誠實、真誠的態度仍是不可或缺的重要美德。然而光憑這種人格素質，並不足以成為符合變化時代的人才。若想成為未來型人才，需要具備哪些素質呢？

大多數教育專家都有共識，認為未來型人才的條件中，最具代表性的一點就是所謂的「6C」，也就是溝通（Communication）、合作（Collaboration）、批判性思考（Critical Thinking）、創造力（Creativity）、公民意識（Citizenship）、品格素養（Character）。

像這種軟實力（Soft Skill）（指無法測定及量化，卻是在執行職務或人際關係方面所需要的內在力量。相反詞為硬實力 Hard Skill）是人類特有，與機器不同的能力，能讓我們的孩子在這個由自動化與 AI 改寫遊戲規則的時代中，適應、引領，並創造新的價值與想法。也就是說，培養未來型人才的教育，應該朝培養具備這些軟實力的方向前進。

孩子的童年很珍貴，而每個孩子都是父母的心頭肉，那麼我們應該留給他們什麼？在第一章中，我將以過去身為專業教育顧問的經驗為基礎，分析引領全球教育趨勢的美國「常春藤盟校」對申請入學的條件有何變化。若想跟上變化的腳步，今日我們的教育又該做些什麼。

哈佛不要模範生

SAT 滿分也進不了哈佛

「我從 7 歲開始,一年 365 天連一天都沒有休息過。不管我生病、受傷、暈倒,都還是會被送到補習班,一直到凌晨兩點。如果我沒考第一名,就沒有資格吃飯!(中略)我不是給妳首爾大學醫學院的錄取通知嗎?妳不是說那是妳的心願嗎?從現在開始,我要過我自己的人生!我要過我想過的生活!」

這是 2018 年席捲韓國的高人氣電視劇《天空之城》中的一段台詞,這齣劇描寫韓國金字塔最頂端 0.1% 的人所居住的「SKY Castle」社區裡的故事,父母為了讓孩子進入最好的大學,發了瘋似地蒐集各種資訊。在電視劇第一集開場,就是一場慶祝派對,為了祝賀考上韓國第一學府首爾大學醫學院的兒子「英才」,以及比他更辛苦的英才媽媽而辦的派對。雖然名義上是慶祝金榜題名,但聚集在一起的其他父母們其實別有用心,因為他們都想獲得英才的應考攻略,為了取得這份完美的秘笈,於是展開看不見的競爭。

但實際上，照著媽媽周密的計劃努力學習，考上首爾大學醫學院的英才並不幸福。在本章一開頭的臺詞，就是英才考上大學後和媽媽吵架時說的話。他對媽媽充滿了埋怨，因為如果在學校沒考第一名，就沒有資格吃飯；成績下滑，就會威脅要趕他出去。英才說：「我已經給了爸媽最想要的首爾大學醫學院入學通知，從現在起，我要過我自己想過的人生！」英才的最後一句話讓人聽了很揪心，「醫學院是爸媽想要的，根本就不是我想要的。我可以明白的告訴你們，我再也不想當你們的兒子了！」雖然考取名校，但其實一直以來都只是為了不辜負父母的期待而埋頭苦讀，我相信這樣的吶喊並非只會出現在虛構的電視劇中，此刻，在某個地方也有像英才一樣的孩子。

現實世界的面貌也和《天空之城》的慶祝派對大同小異，想要將子女送入名校的家長傾注心力探問那些優秀學生，如何累積各種突出的學習歷程檔（以下簡稱學檔）。甚至會到他們上過的補習班探訪，仔細了解他們進行哪些校內外的活動，然後要求自己的孩子照著進行。我教過的學生中，不乏成功申請進入哈佛大學就讀的菁英，以下就分享其中一個學生的學檔。

- 畢業學校：美國東部知名寄宿學校[1]
- GPA[2]：4.0（全 A）

1　Boarding School，私立寄宿學校。
2　GPA（Grade Point Average），學業成績平均點數，國外大學與國外研究所常以 GPA 來評估學生的能力，作為錄取與否的重要指標。

- 選修科目：AP[3]及最高難度課程 12 個
- SAT[4]分數：1580 分（全國前 0.2%）
- 校內活動：小提琴比賽優勝；體育校隊（足球、網球）；擔任數學與投資社團的社長。
- 校外活動：參與大學教授的生物學研究團隊及論文寫作。
- 獲獎經歷：校內數學競賽首獎、州級電腦工程競賽前十名。

這種程度的學檔，應該是許多有志到美國留學的韓國學生和家長所希望的「夢想學檔」。如果具備以上條件，想必不管是申請哈佛大學、史丹佛大學或麻省理工學院（MIT）等世界頂尖名校都沒有問題。而且，只要海外的寄宿學校或韓國的國際學校裡有一個這樣的學生，就會吸引其他家長的關注，紛紛把子女送進同一間學校，並比照同一份學檔，讓孩子參與類似的活動。

但實際上，即使完全模仿也很難如願，以這樣的學檔為基礎申請進入美國名校卻落榜的學生比錄取者多更多。2014 年，美國發生了足以顛覆教育界的大事件，許多申請進入哈佛大學卻落選的學生家長們，向校方提起集體訴訟，訴訟的理由很簡單，因為落選的學生大多具備了非常優秀的成績和經歷，以之前的標準來看，甚至都在水準以上。

3　AP（Advanced Placement），進階先修課程，相當於美國大學程度，比一般的高中課程更深入、複雜和詳細。

4　SAT（Scholastic Aptitude Test），美國大學入學考試，滿分為 1600 分。

以2023年來說，美國常春藤盟校前三名的大學中，亞裔學生的錄取率分別是：哈佛大學3.4%、MIT4.8%、史丹佛大學3.9%，其中韓國學生的錄取率又更低。此外，美國大學傾向公平教育，以保障均等的受教機會，因此申請者若為家庭中第一位大學生，就具有優先錄取的資格。透過這種制度錄取的學生比率在哈佛大學新生中占17%、在史丹佛大學占了20%。不只是哈佛大學，其他常春藤盟校以該制度錄取的學生，在全體新生中占比平均都超過15%，而且隨著時間推移，比率呈現增加的趨勢。

　　因為每年學校能容納的入學人數是固定的，這意味著光憑優秀學檔就能收到錄取通知書的比率會逐漸降低。再加上包括常春藤盟校在內的大多數大學，已經不再偏好SAT滿分的用功學生，而是希望能網羅來自不同背景、具備各種才能的學生。所謂「人才」，一般是指在某一領域具有專業學識和能力的人，然而近年來，具備優秀學業成績的孩子卻未能進入哈佛大學的例子時有所聞。那麼，包括哈佛大學在內，引領全球教育的常春藤盟校，現在到底是用什麼標準來錄取新生呢？

優秀的亞洲學生卻在常春藤盟校入學申請中落榜的原因

若以常春藤盟校各大學申請者的分數來看，SAT 和 GPA 平均分數以亞洲學生最高。這些學生一般在難度較高的 AP 或 Honor[5] 課程中，多數也都能維持高分，同時還長期學習樂器，加入管弦樂隊等，參與許多社團活動。如果校內沒有對自己學檔有助益的社團，甚至會自己發起成立社團，每週還會去養老院或育幼院、醫院、安養中心、宗教團體擔任志工，也有很多學生會進公司實習或打工，以幫助家中經濟或累積社會經驗。

但為什麼如此努力打造完美漂亮學檔的亞裔學生未能錄取，而那些成績和經歷相對較差的學生卻能收到錄取通知？於是那些申請哈佛大學卻落選的亞裔學生的家長聚集在一起，於 2014 年成立「大學生公平錄取組織」（Students for Fair Admissions，簡稱 SFFA），向哈佛大學及北卡羅萊納州大學提起訴訟。因為他們無法接受擁有幾近完美學習歷程的亞洲學生（尤其是中國、韓國學生），卻未能得到錄取的結果。

這個案子在 2022 年上訴到最高法院，主要爭議焦點是在招生過程中是否應該將「種族」列為評選項目並可以加分。擁有優秀學習歷程的亞裔學生未能錄取，而相形之下學習歷程較沒那麼好的其他種族學生卻能入學，這是不爭的事實。站在落榜那一方的立場來看，當然會提出質疑。

5　榮譽課程，比一般課程難度更高。

但實際上深入觀察,會發現很難明確指出目前美國大學在錄取新生時有種族「歧視」。相反地,從 2020 年美國國內的人口普查結果顯示,雖然總人口中亞裔占了 6.2%,但在頂尖大學如哈佛或普林斯頓的學生中,約有 25% 是亞洲人。也就是說,這些學校的亞裔學生占比,比住在美國的亞裔人口占比要高出 3～4 倍。

　　從這些數字和哈佛大學公開的新生錄取標準數據來看,可以發現對種族的固有觀念,以及種族對入學造成負面影響的說法並不成立。上述的訴訟在 2023 年,由美國最高法院裁定哈佛大學敗訴,哈佛大學必須公開揭露招生審核的標準。而從後來公布的內容來看,可以進一步推測他們想找的人才,下表就是哈佛大學公布的招生審核標準和等級劃分。

等級	審核標準
1	最頂尖資格:從客觀、主觀的觀點來看都是非常優秀的申請者(錄取率 90% 以上)
2	強而有力的資格:很有希望但未達最頂尖層級(錄取率 50%～90%)
3	穩固有競爭力的資格:申請條件良好(錄取率 20%～40%)
4	中等資格:值得肯定的資歷,但要通過審核略顯不足
5	不合格:整體資格低於其他申請者
6	不審閱:書面申請資料不符

▲ 哈佛大學招生審核標準

哈佛大學招生委員會先審閱申請者的申請書，分別針對學業、校外活動、運動、個人特質、推薦信等 5 個項目，每個項目分為 1～6 級進行評價，1 為最高等級，6 為最低等級。值得注意的是，並非所有項目的權重都相同，例如比起推薦信，申請者的學業成績和校外活動會比較重要。除非是特別狀況，否則一般來說，同一份申請書會由兩名招生委員交叉審閱，這是為了盡可能地排除個人的主觀判斷。以下分別詳述各項目的內容。

■ 學業 Academic

　　即在校成績。一般來說會比較偏好在高難度科目中獲得高分的學生。比起在穩獲高分的科目中拿到全 A 的學生，招生委員更偏好願意挑戰高難度科目、喜歡學習新知的學生。

■ 校外活動 Extracurricular

　　一般來說，如果家庭環境較困難的學生，多半會為了經濟考量，為了照顧父母或弟妹而很難累積校外活動的經歷，不過有經驗的招生委員會多方面判斷，能夠分辨申請者是否具備了真心和熱情，或者只是為了讓申請書內容漂亮而參與活動。據了解，越來越多亞裔學生的課外活動，是與大學教授或研究生合作進行研究、撰寫論文。要進行這種活動需要不少花費，或是仰賴父母的人脈取得機會，而這些招生委員都很清楚，因此不一定會對申請入學有實質上的幫助。

■ 運動 Athletic

雖名為「運動」，但實際上應該是包含運動在內的特別專長。美國許多大學都有籃球或美式足球校隊，不僅能為學校帶來榮譽和提高名聲，同時也與招生的申請率和捐款有密切關係。例如在費城的維拉諾瓦大學（Villanova University），是一所私立的天主教學校。他們在 2016 年大學籃球聯賽中奪冠，結果第二年申請入學的比率就上升了 22.3%。2020 年，杜克大學（Duke University）的橄欖球隊透過比賽為學校爭取到約 4000 萬美元的經費，籃球隊也有 3300 萬美元。老虎・伍茲（Tiger Woods）之所以能夠進入史丹佛大學，就是因為他是世界最優秀的職業高爾夫選手。而在韓國，每年也有許多國家代表級的青年，以「特殊專長生」[註1] 的方式進入名校。

■ 個人特質 Personal

個人特質也有人稱為性格或個人資質。「Personal」是適應力、積極度、耐性、勇氣等軟實力（soft skill）的統稱。

■ 推薦信 School Support

在提交申請書時，必須附上分別由學校人文學科、STEM（理工科）老師及諮商輔導老師所寫的推薦信。雖然也可以附上校外人

註1：類似臺灣的特殊選才、運動甄審。

士的推薦信，但基本上作用不大。所以就算拿到總統推薦信，如果推薦人與申請學生之間沒什麼明確的關聯性，會被視為是形式上的推薦，對錄取與否不會有太大的影響。

在上述 5 個項目中，亞裔學生獲得評分最低的項目就是「個人特質」。SFFA 根據其所擁有約 16 萬多名學生檔案進行分析的結果顯示，亞裔申請者的成績比其他種族申請者的成績更好、校外活動經歷更多，但唯獨在個人特質方面分數都偏低。美國大學的申請審查過程中很重視個人特質，因此即便亞裔學生在其他項目具備了優秀的水準，卻容易因個人特質評分較低，而影響進入常春藤盟校的可能性。

申請進入美國大學可以用抖音（Tik Tok）來比喻。在美國排名前幾名的私立大學，由於申請者非常多，所以每一份申請書平均只有幾分鐘的時間審核。因此，申請者必須有本事在很短的時間內讓招生委員印象深刻和感動，這就像以 15 秒為單位製作的抖音短影片一樣，申請書內容必須要讓招生委員一看就深入腦海。抖音運用演算法快速滾動許多以秒為單位的短影片，誘導人們無止境地觀看，但是實際上，用戶從影片中獲得感動並自發性點擊其他影片的狀況並不多。美國頂尖大學的招生委員也一樣，每到申請入學的季節，他們就必須閱讀數百份申請書，大部分申請書的內容都大同小異。當然，也有不少各方面都很優秀的學生，但事實上一年一年過去，已經越來越難從中找到特別突出的學生了。

留學生的情況也一樣。小小年紀出國留學，經歷了想家、文化衝擊、種族歧視等各種困難，但努力克服困境，身心都變得更成熟……，這是在入學申請書裡經常出現的故事，大部分留學生都有類似的經歷。對那些要看數百份勵志成長故事的招生委員來說，這些故事無法吸引他們的注意或感動，就像不停滾動、但內容都大同小異的抖音短影片一樣。

　　那麼，在這麼多相似的申請書當中，要如何吸引美國名校招生委員的目光呢？在下一章中，會進一步了解美國名校在錄取新生時最看重的價值是什麼。

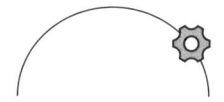

常春藤盟校要找的是另一種人才

　　哈佛大學公布的招生審核標準中最引人注目的，就是特別重視「適應力」、「效能」、「誠信」和「勇氣」等軟實力。過去 20 年，我指導過 1000 多名學生，幫助他們進入美國頂尖大學。當中有很多人進入了常春藤盟校，但後續表現出優異資質和態度而給人留下深刻印象的學生卻屈指可數。其中只有一名韓國學生，同時申請了哈佛大學、史丹佛大學、MIT 都獲得錄取資格。第一次見到他時，他還是個高中生。他的母親來到我在紐約曼哈頓經營的教學中心，表示兒子並未認真準備 SAT 及各種考試，希望我可以給予指導，讓兒子能夠集中心力好好學習。後來才發現，那名學生無法認真學習另有原因，因為當時他自學程式設計並沉迷其中，每天放學回家就埋頭研究如何寫程式，上網、看相關書籍找資料，因為那些知識學校並沒有教，所以他常常研究到凌晨都還不睡。因為對寫程式充滿興趣並十分投入，當然對 SAT 或學校考試漠不關心。

了解學生情況後，我建議家長，應該支持孩子繼續學習程式設計。在父母眼中，只看到兒子放著學校的課業不管，只顧著做別的事直到深夜，忍無可忍之下把兒子帶到教育中心接受諮商。但在身為教育專家的我眼中，這個孩子很早就發現了自己的興趣所在，並主動蒐集資訊、自主學習，非常值得鼓勵。教育孩子的過程中自主性非常重要，照著師長的指示學習，或許可以取得短期良好的成績，但從長遠來看效果並無法持續，唯有從自己內在產生動機，學習才有動力。不過考慮到現實的升學問題，學習時間不足也是事實，這個學生把大部分時間都花在研究如何寫程式，沒有餘裕準備 SAT 及其他科目的考試，以教育中心的既有課程恐怕無法確保充份有效的學習，因此我建議家長讓孩子進行一對一的輔導。

　　不久之後，這個學生以一屆高中生之姿，自行成功開發出應用程式。當時蘋果（Apple）公司剛推出 iPhone 不久，智慧型手機應用程式的設計開發也正起步，許多新創公司都爭先恐後進軍具有發展性的行動應用程式（APP）產業。當時這位學生開發出一個平台，讓不具備專業 iOS 程式技能的人，也能自行製作並上架 APP。他製作的應用程式推出後大受歡迎，超過 100 萬人下載，為了處理各種使用者的諮詢，後來甚至還得引進顧客管理系統。最後，他以自己開發的應用程式為基礎，在高中就創立了公司。（因為未滿 18 歲屬於未成年人，所以公司負責人由母親擔任。）

　　一個高中生成功開發出應用程式並推向世界已足以令人驚訝，更讓我感嘆的是，他還用心維繫良好的顧客關係，不只雇用專人處

理，還時常親自出馬回覆各種諮詢。針對開發過程中的問題，與許多年紀比自己大的開發者進行討論，逐一改善。這個學生無論是否上大學，都已經證明了有能力開拓屬於自己的領域，懂得經營自己的事業。看著他我心想，「這孩子就算不上大學也一定會成功！」

事實上，這名學生的學習歷程與前面提到申請哈佛大學的條件相比，還有許多不足之處，尤其在學業成績方面並不突出。若想申請美國排名前幾名的大學，不僅要完成 AP（進階先修課程），還有學生已經完成修讀 10 個以上的專業課程。但這個學生 AP 課程只上了 3 個，SAT 分數差不多排在前 5% 左右。他不會任何樂器，也未參加任何運動社團，如果僅從學業成績和校外活動來看，這種程度的學檔要報考常春藤盟校，八成在書面審核時就石沉大海。但結果世界首屈一指的三所名校都錄取了他，最後他選擇進入史丹佛大學。

在我看來，這名學生有一點明顯與其他人不同，他是真的喜歡寫程式，而非為了申請大學、累積學習歷程檔案而研究。他對程式設計有高度興趣並投注熱情，因為具備這樣的特質才順利進入名校。也就是說，他讀書與行為的「目的」與「結果」順序，正好與大多數人完全相反。

■ 普通學生

為了上大學／為了累積學習歷程檔案 → 戰略性學習

■ 前文中提到的學生

出自內心喜歡而投入自主學習 → 順利錄取名校

這就是包括常春藤盟校在內的美國知名大學所希望的學習方式，全心全力投入自己喜歡並持續學習的領域，隨著時間的累積，自然而然會在該領域嶄露頭角，而這樣累積下來的卓越能力，就是決定能否進入頂尖大學的關鍵。哈佛等名校所想要的人才並不單單只是學習歷程出眾的學生，而是超越學經歷，「勇於試錯的人」、「翻轉局面的人」。Meta（前臉書）的創辦人兼執行長馬克・祖克柏（Mark Elliot Zuckerberg）、微軟的創辦人比爾・蓋茲（Bill Gates）、特斯拉的創辦人兼執行長伊隆・馬斯克（Elon Reeve Musk）等，都是這一類的人。他們都是左右時代變化、引領時代潮流的人物。他們都不是為了達到既定標準，按照約定俗成的方式學習的人，而是具有創意、勇氣、推進力和解決問題能力，成為主導世界變化的人。

像這種不受世態影響，懂得改變趨勢和局面的人，被稱為「翻轉家」（Change Maker），是創造變化的人。要具備創造變化的能力，並不是提高學習成績就好，更需要具有個人特質、不屈服困難的耐力、勇於對現有方式提出質疑的批判態度、以及將小想法變成大行動的推進力和集中力等。

最終決定是否錄取美國頂尖大學的關鍵，主要還是申請者的性格、態度、對喜好領域的適應力等個人特質。從前面提到的學生例子來看，在他的個人特質中，熱情、創意、靈感、從開發到創業的執行力等要素，應該就是獲得招生委員高度評價的重點。總之，具有足以掀起變化的個人優勢和特質的學生，才是美國常春藤盟校正在尋找的人。

MIT 入學申請重要項目

以下表格是全世界首屈一指的 MIT（麻省理工學院）在 2021 年公開揭露的資料，明確顯示在申請入學過程中會產生重要影響的項目。MIT 在審核入學申請要素中，大致可以分學術和非學術兩大類，其中在學術要素的細項中，大多都標註「重要」；在非學術要素的細項中，則有不少被標註為「不考慮」。依照這個標準，校友關係、是否居住在美國、宗教等，基本上不會對申請入學產生任何影響。

學術要素	非常重要	重要	考慮	不考慮
中學學習歷程		○		
年級排名			○	
GPA		○		
標準化考試分數		○		
申請書及作文		○		
推薦信		○		

非學術要素	非常重要	重要	考慮	不考慮
面談		○		
校外活動		○		
才藝		○		
性格／個人特質	○			
是否為家庭中第一個上大學者			○	
校友關係				○
居住地			○	
是否在美國居住				○
宗教				○
種族			○	
志願活動			○	
工讀經驗			○	
申請人的興趣				○

▲ MIT 招生錄取基準項目及加權值

　　大學是「學術的殿堂」，是學習和研究的空間。因此，在審核入學申請時，理所當然會把重點放在以一個學習者和研究者的標準來評估，這也就是為什麼在構成學術要素的項目中，大多標記了「重要」的原因。不過仔細觀察這張表，會發現兩個有趣的地方。

一是在整份評估表中，唯一被列為「非常重要」的項目，竟然在非學術要素中，也就是「性格／個人特質」。

另一個有趣的地方，是幾乎全都標註「重要」的學術要素中，唯一一個列為「考慮」的是「年級排名」。這是指在特定群體內相較其他學生的程度排名，不過並不足以作為絕對評分的指標。

MIT是理工領域的頂尖大學，偏好那些得過數學或科學奧林匹亞競賽的獲獎者，或是具創新精神、有能力主導研究開發的學生。透過前面介紹的錄取基準，我們可以確認，MIT和哈佛大學一樣，在入學審核上都非常重視個人特質。

為什麼注重「個人特質」？

　　哈佛大學在入學審核時，對於具有領導能力、不輕易放棄、堅持挑戰的毅力、創意性、專注力等屬於「翻轉家」的個人特質，是審核的重點。會這麼做主要有二個理由。

　　首先，我們可以從哈佛大學歷屆校友中發現，至今哈佛已培養出包括歐巴馬（Barack Obama）在內的 8 位美國總統、162 位諾貝爾獎得主。像比爾・蓋茲、祖克柏等創業家雖然中途輟學，但都是在進入哈佛之後啟發創意，開創事業版圖。此外，哈佛還出了許多新生代的政治家、獲得各種獎項的作家、科學家、演員等，在各個不同領域表現亮眼。可以確定的是，這些出身自哈佛大學的人，大部分都是主導未來變化並產生影響力的「翻轉者」。

　　學校培養出的翻轉者越多，該校的品牌價值就越高。哈佛大學之所以具有今天的地位，就是因為從該校出來的人當中，有許多對美國社會乃至於全世界產生巨大影響。不管是在校生或畢業生都有

一份榮譽感，日後進入社會各領域時，也會構築綿延不絕的堅實網絡。他們的活躍展現出對學校的熱愛，不僅實質回饋母校，印證學校品牌價值的外部投資也源源不絕。美國大學的財務及營運系統，大致上就是以這種循環為基礎建立的。

要讓這樣的系統持續順利運轉，在一開始就要選擇具備個人特質的學生，日後才有能力鞏固自己的領域建立影響力，對學校來說也比較有利。也就是說，比起乖乖按照指示中規中矩，所有表現在平均水準之上的「通才」（Generalist），他們更偏好對特定領域有著濃厚的熱情和好奇心，具有實力和發展潛力的學生。

根據近期發表的一項統計顯示，從哈佛大學校內孕育的 100 多個新創企業，在過去 5 年所募集的投資金額高達 44 億美元。再進一步觀察，會發現這些新創企業涉足教育、健康管理、食品及農業、能源、永續產業、尖端科技等各種不同領域。由此不難理解，為什麼哈佛大學在入學審核時會把重點放在尋找具有「翻轉者」潛力的學生。

第二個理由是捐款。在資本主義的故鄉、至今仍被稱為「機會之地」的美國，連學校都像企業一樣運作。美國的大部分組織都以資本主義體制為基礎，以獲取利潤為目的，用生產和消費的結構營運。因此，美國大學也希望申請進來的學生，是日後畢業進入社會，能夠回饋母校提供支援或提高學校聲譽，帶來實際利益的人。如果他們日後成為各領域舉足輕重的佼佼者，捐款回饋母校，充實學校的財務，校方就可以設立獎學金來幫助其他具備潛力、才能出眾但受限於環境困難、難以獲得充分教育機會的弱勢族群。

另外，也可以運用畢業校友的回饋，為在校生提供更豐富的教育資源和體驗。受惠的學生將來有機會成為新一代有影響力的人物，回顧自己從學校獲得的資源，在取得成就之後，又會再回饋給學校。就是這樣的良性循環，讓歷史悠久的美國名校經過好幾個世紀仍屹立不搖。

美國頂尖私立大學的學費雖然昂貴，但實際上光靠學費收入並不足以支撐學校的營運，甚至連一半都達不到。學校除了營運需要費用，還需要支援各種學術研究、獎學金、投資教學設備、行政管理等。美國非營利基金會每年都會對外公布盈收報告，2022年哈佛大學的學費收入為21.25億美元，但整體營運支出為58.27億美元，明顯是入不敷出。但是，如果加上透過「捐款基金」投資所獲得的利潤（46.61億美元），那麼年度收益還可達到37.97億美元。

在哈佛大學相識、相戀並結婚的祖克柏與妻子普莉希拉‧陳（Priscilla Chan）在2022年捐贈了5億美元給哈佛大學；獲得哈佛法學院榮譽博士的比爾‧蓋茲也曾於1996年捐贈給學校1500萬美元，他在捐贈時表示：「將我從社會獲得的財富重新返還給社會，就是我捐款的理由。」全世界最成功的投資者，也是波克夏‧海瑟威公司的執行長華倫‧巴菲特（Warren Edward Buffett）曾表示：「熱情是成功的基石，而成功的完成是分享」。正如他所說，美國大多數成功企業家都積極捐贈給包括自己母校在內的各種機構，美國的捐款文化的確比其他國家活躍得多，這其中社會體制與氛圍也有一定的影響力。美國的捐款運作比其他國家更透明，對捐款的各種稅務

優惠制度也十分完善。在學校教育中，也會教導學生捐款的意義，可說在整個社會的分享文化根深蒂固。

為了培養未來的翻轉者，全球其他優秀大學在新生錄取條件中，已逐漸不再把學術成績放在第一位，比起學術實力更重視個人特質，與美國頂尖大學入學標準相似。今後比起具備優越的技術才能，擁有在多種領域都能適應良好並融合的特質，才是未來需要的人才。

在前面曾提到過，近來 Open AI 製作的 ChatGPT 成為熱門話題。如果對 ChatGPT 提出問題，經過學習眾多資訊的人工智慧就會將所學到的資訊整合，過濾出適當的回答。使用過 ChatGPT 的人都有這種感覺——看著 ChatGPT 顯示的答覆，常會分不清到底是出自於機器還是真人的回答。換句話說，在各種專業的程式設計、寫作（表達論述）以及數學方面，人工智慧都已經可以達到比人類更出色的成果。

既然現實狀況如此，那麼培養未來主人翁的教育方向也應該有所改變，必須提早預測快速發展的未來，徹底革新教育內容與方式。從這個觀點來看，我要特別強調：未來教育的重點是「人文學科」和「STEM」。STEM 就是科學（Science）、科技（Technology）、工程學（Engineering）、數學（Mathematics）的縮寫，是目前全世界最重視的未來成長領域。近來也有人認為應加入藝術（Art）成為STEAM，對於人文學科和 STEAM 融合教育的實務內容，將在本書的第二部進行詳細介紹。

看到這裡,各位是否能充分理解美國頂尖大學將入學審核標準聚焦在「個人特質」的理由?既然已掌握了新時代教育的方向,那麼現在就先來回顧與我們最親近的現實——也就是我們自己的教育現況的時候了。在第二章中,將探討目前韓國的教育是否能夠培養未來型人才?有哪些問題?又該如何改善?

現在我們在學習什麼

在全球教育最前線工作的體悟

　　2010 年,我進入常春藤盟校之一的哥倫比亞大學攻讀碩士、博士學位。在校 7 年的時間,與校內外許多教授和專業人士一起體驗了創新教育並開創了事業。教育工學是運用適當的技術,以增進教學效果的一門學問,這也是近來在教育學領域中備受關注的新課題。哥倫比亞大學教育研究所是美國擁有最多教育者和多樣化研究的地方,而最吸引人的是學校位處在被稱為世界中心的紐約曼哈頓,可以最快速接觸到全球教育趨勢。哥倫比亞大學共有 16 個不同科系的研究所,在這裡可以接觸到各個領域的研究生和教授,這一點對於身為教育者的我來說是最大的優勢。我雖然主修教育工學,但可以旁聽商學院、理工學院、甚至醫學院的課程,並參與各種專案。

　　在教育研究所學習期間,比起在教室裡聽教授講課、研讀研究論文,我更感興趣的是走出校門,親自體驗各種教育現狀。比起學校的課程內容,我更關注坐在我身旁一起學習、來自不同環境的同

學。我周圍有很多不同背景的同學,有著一般人很少有機會經歷的故事。我和他們一起積極參與創業社群會議,並與其他如理工研究所、法律研究所的學生進行各種合作,可以交流不同的想法,累積人脈。

透過常春藤盟校的組織,我從廣泛的人際網路和創業經驗中,得以更進一步認真思考培養未來型人才的教育方法。在本章中,將與大家分享我在韓國、中國和美國經歷過的各種教育計畫。

2024 年韓國的「前進哈佛」計畫

我在美國唸大學時主修經濟學,畢業後曾回到韓國生活一段時間,在首爾某補習班擔任班主任,那是 2004 年的事了。我在小學時就移民到美國,一直都在美國生活的我初次接觸到韓國的教育實務。當時韓國對海外語言進修、美國寄宿學校,以及美國大學的入學申請關注度正逐漸升高。我工作的補習班以英語教學為主,我在那裡首次企劃了以進入美國頂尖大學為目標的 SAT 夏令營,感受到韓國家長對美國大學入學申請的高度興趣。

記得當時補習班以「前進哈佛」為主題,進行美國大學入學申請說明會,邀請哈佛大學畢業校友來擔任夏令營講師,獲得許多家長的迴響。以這個活動為契機,補習班成功地從成人英語教學補習班,轉型成準備 SAT 的補習班。我在那裡工作了 2 年多,深刻明白圍繞著韓國教育的重要事實。

仔細觀察補習班中的學生，發現他們很多都已經在美國的寄宿學校就讀，是在良好環境下學習的小留學生。只要一放長假大部分都會回到韓國，在 SAT 補習班中度過，或以「累積經歷」為目的從事各種活動。當時在所謂 SAT 補習班照著既定的課程進度，經過一整天填鴨式的學習，基本上還是有一定效果。2004 年度有 19750 人申請進入哈佛大學，錄取率超過 10.3％。然後後來申請者急劇增加，2022 年有 61221 人向哈佛大學遞交申請書，但錄取率率不到 3.1％。如果現在仍照以前的方式，老實說已經無法保證可以順利通過門檻進入大學，也就是說，20 年前我在韓國補習班推行的「前進哈佛」計畫已經到了盡頭。如同在第一章提到的，現在美國名校入學審查的趨勢是注重個人特質更勝於學業表現，但問題是在韓國，打算申請美國大學的學生和家長的備戰方式仍跟以前沒有太大變化。

在韓國，放學後去補習班是很理所當然的事。根據韓國統計廳 2022 年發表的《2021 韓國社會指標》報告顯示，中小學課外輔導參與率平均達到 75.5％，這說明了自 2020 年因新冠疫情而減少的課外輔導參與率（2020 年課外輔導參與率為 67.1％）又回升了。也因此每月平均課外輔導費也創下歷史新高，特別是在英文和數學這二個科目。

目前韓國的補教市場上普遍打出所謂「明星講師」來招攬學生，這些有名氣的講師年薪動輒數十億乃至數百億韓元。換句話說，教導孩子如何考出好成績的補教老師，年薪是學校老師的 100 倍以上。或許是這個原因，許多學生畢業後的夢想職業是「成為年薪嚇嚇叫的明星講師」。教育本身是很有價值的工作，但是，一個很

會唸書的學生在畢業後進入社會成為補習班老師，專門教孩子如何考出好成績，進入頂尖名校。然後這些如願進入名校的學生畢業後也成為補習班老師，繼續教新一代的學生如何考出好成績⋯⋯這樣的循環能為社會帶來什麼價值？當然，補教界不乏擁有自己的教育哲學、值得尊敬的講師，我認為最大的問題在於韓國的教育只注重考試成績好不好。2006 年，當我離開補習班時，這個問題已經在心中不斷盤旋。

美國的大峙洞[註2]，教育的聖地──紐約曼哈頓

後來我回到美國，2011 年接手了位於曼哈頓 32 街韓國城內的一間教育中心。在美國經營教育中心的過程中，我發現不只在韓國，在美國也有許多為準備 SAT 考試為目標的教育中心，還有規模大到超過 150 間連鎖分處的教育中心。可見為了進入頂尖大學，美國和韓國的家長對孩子的學習成績管理投入的心力是一樣的。而且當時曼哈頓的教育熱潮比首爾大峙洞還熱。在被稱為「美國大峙洞」的曼哈頓上東城（Upper East Side）經營教育中心期間，我很自然接觸到美國的補教體系，同時以大學時期累積的人脈和各種教學實習經驗為基礎，將自己的觀點和創意融入進來規劃教育方針。

註 2：韓國的大峙洞相當於台北的南陽街，各種補習班林立。

▲ 在曼哈頓及首爾進行樂高課程的上課情況

第二章 現在我們在學習什麼 🔖 55

當時我嘗試了許多不同的方式，印象最深刻的是我為了賦予孩子學習動機，深入研究如何以更有趣的方式教導孩子，研發出同時兼顧趣味和創造動機的「遊戲式教育」。以 4～10 歲兒童為對象，利用樂高積木進行世界公民素質與 STEAM 教育（LEGO Civics & Language Immersion Program）。這個課程安排在週末，很受孩子們的歡迎，有些人甚至得從長島坐一個半小時的車來上課，還有家長對我說：「這是唯一一個讓孩子在週六早上自己起床說要上的課。」

　　這個課程不僅可以啟發算術、人際關係、經濟、科技等相關能力，還能激發如合作、發表、解題等軟實力，是經過精心設計的課程。在孩子眼中，這是一堂可以玩積木，和朋友們一起遊戲的時間。在規劃課程中我體悟到，不要讓孩子有被強迫學習的感覺，而是像遊戲一樣可以毫無負擔地接觸，也就是說賦予動機的方式非常重要。

　　要順利進行遊戲，就要學會制定策略；想了解對手，就要能夠對他的立場或感受產生共鳴；若想與其他人合作在遊戲中取得勝利，必須進行溝通，有時還要發揮領導能力。在曼哈頓教育中心所規劃的教育課程，融入了未來孩子們必須具備的重要軟實力。這個課程，就是讓孩子在用樂高積木打造未來城市，而每個孩子都是未來城市的公民，在過程中藉由遊戲來學習需要的技能。這個課程當時在美國教育熱潮最高的曼哈頓地區，成為所謂「人氣課程」。

　　樂高遊戲課程取得成功，我也得到了鼓勵，接著以國、高中生為對象規劃夏令營。我運用大學時期的人脈，租借了哥倫比亞大學的宿舍，讓學生可以將整個曼哈頓當作學習空間。另外還邀請了研

究所的指導教授、當時的同學們一起設計夏令營的內容，參與的孩子可以實際與專家們合作解決各種問題。關於夏令營的詳細內容，在後面會有更詳細的介紹。

這些課程的重點並非學習 STEM 的學術知識，而是更注重培養孩子成為全球人才所需的「創新思維」。一名參加夏令營的學生，將當時在夏令營中進行的個人計劃作為學習履歷的一部分，後來成功申請進入美國頂尖大學的研究所。現在這個計畫透過設計更加具體和完善，以全球小學、國中、高中生為對象，100％以英語進行，其教育效果得到驗證，是非常成功的方案。

飛速發展的中國教育市場

在曼哈頓經營教育中心大概 3 年後，我面臨重大決擇。在中國上海有一間由韓國人設立的教育新創公司，被中國某教育相關企業收購，該企業邀請我加入，因為他們計劃進軍美國，希望我能負責這項業務。

我初步先了解業務內容，主要是包括 SAT 美國大學入學測驗與申請諮詢。但比起單純幫助學生上大學，我更想做的是讓孩子能夠在學習過程中成長，因此剛開始對這個工作提案並沒有太大的興趣。但仔細想想，那是一間成長迅速的公司，加上這是一個能夠親自體驗中國市場發展的好機會。最後，我還是接受了這個工作，展開全新的挑戰。

我在韓國經歷過留學美國、學習英語的教育熱潮，所以對正掀起相同氛圍的中國教育市場並不難掌握。我往返中國國內許多城市，透過研討會分享有關美國教育趨勢，接觸了數千名中國學生和家長。隨著中國經濟和產業快速發展，在美國境內亞裔學生的分布也出現急劇的變化。原本偏愛留學美國的韓國教育市場逐漸冷卻，相反地，中國留學生則占據了韓國留學生的位置。很快地，中國學生在美國留學生中成為占比最高的族群。

　　韓國學生赴美留學的熱潮為何會減弱呢？根據推測，就業問題可能是重要原因。我的學生中很多畢業於美國頂尖大學，具備了很好的學歷條件，但在韓國卻很難找到工作。原因很多，但最大的原因是留學生人數比以前大幅增加，名校畢業的學生也呈倍數增加，換句話說就是供過於求（與其他已開發國家相比）。在招募規模較小的韓國市場，高學歷不再是絕對優勢，許多企業也不再要求特定學歷條件。過去，只要有經過留學磨練的流利英語和常春藤盟校等級的畢業證書，就能在就業市場上無往不利，但現在時代已經不同了。

　　另一方面，對美國寄宿學校的偏好度也出現類似變化。在韓國曾一度很流行早期留學，就是讓小學或國中的孩子直接進入美國寄宿學校就讀，但這個熱潮也逐漸減弱，因為在韓國境內及鄰近東南亞國家的國際學校比率增加，家長考慮到費用和距離等因素，認為與其大老遠跑去美國唸寄宿學校，不如就近在韓國或東南亞國家的國際學校就讀，一樣可以培養英語實力，顯然是更經濟、更有效率的方法。隨著這樣的變化，許多留學補習班或代辦機構將經營方向

轉往有更多留學需求的中國市場，有志前往唸美國寄宿學校及申請大學的中國申請者人數大暴增。

過去中國社會存在的階級身分差異，在近年來演變為以學歷劃分階級的氛圍。中國與韓國一樣，由高中升大學須經過關鍵的「高考」，幾乎可說是一試定終生。中國的高考制度始於1952年，是除了文化大革命期間，至今仍存在的考試制度。若想進入中國頂尖的北京大學或清華大學，就必須在高考取得好成績。因此，中國學生無不專注學業，期望在高考中能獲得高分。但是，在中國大力推動經濟起飛之際，許多企業家為了與國外進行貿易、累積更豐富的專業經營素養，紛紛赴美國等其他國家攻讀MBA（工商管理碩士）課程，他們的孩子也樂於離開中國的教育體系，到美國留學，體驗更廣闊的世界，累積豐富的學經歷。

同時，為防止人口急劇增長，中國於1979年到2015年實施「一胎化」政策，這也是掀起中國人赴美留學熱潮的原因之一。家家都只有一個寶貝孩子，全家的重心都在孩子身上，這種關注會更強烈的反映在教育上。在美國留學熱潮逐漸高漲的氛圍中，能親身體驗中國教育市場的實際狀況，對身為教育顧問的我是非常有價值的經歷。

到目前為止，我待過韓國、美國以及中國的教育最前線，同時長期從事與美國常春藤盟校申請入學相關的工作。在這過程中我苦心鑽研，努力將兩個根本問題融合在一起。一是如何讓我的學生成功申請進入理想的大學，這是屬於「當下教育」的苦惱；另一個則

是不要讓孩子成為「學習的機器」,而是能夠在未來真正發揮自己的能力,為此必須想辦法建立穩固的根本素質,這是屬於「未來教育」的苦惱。在這兩種苦惱之間尋找答案的我,就在規劃美國寄宿學校的課程時,找到了答案。

在美國寄宿學校看到的趨勢變化

　　我在哥倫比亞大學攻讀碩士時，研究主題是探討在由技術及電腦程式設計專業課程中，如何提高女學生的參與度。一般來說，理工科或電腦相關科系通常被認為是「男性」科目，女學生的參與度較低。我想尋找讓女學生不受性別束縛，能夠對理工科系感興趣並參與的有效教育方式。

　　在我發表畢業論文的那一年，波特女子中學（Miss Porter's School）看到我的畢業論文後，提出邀約請我將論文內容具體化，在該校開設課後輔導課程。這所學校位於美國康乃狄克州，是一所私立女子高中，擁有181年的歷史，是美國著名的寄宿學校之一。包括甘迺迪總統夫人賈桂琳・甘迺迪在內，許多美國名媛都畢業於這所學校，校友捐款的規模超過1億5千萬美元，是具有穩固財務的學校。

雖然學校在各方面營運都很穩建,但校長仍擔心世界的變化日新月異,必須教育學生有足夠能力應對未來。因此,希望引進具有創新思想,同時擁有各國教育經驗豐富的專家,幫忙解決問題。

美國東部的寄宿學校的學費比一般大學還貴,以波特女子中學為例,包括住宿費在內,一年的學費約為 7 萬美元。近年來,美國不僅增設創新公立學校、線上授課學校,「非學校教育」(Unschooling,即以孩子興趣為主導的學習)和在家自學的學生比率也呈增加趨勢。在這種情況下,學費高昂的寄宿學校,在 20、30 年後還會存在嗎?對「CP 值」敏感的年輕世代,會把自己的孩子送去唸學費昂貴的學校嗎?若想與課程內容類似的公立學校區別,這些私立學校又應該如何改變?我在與校長談過之後,感覺校長不僅期望能革新教育,一方面也擔心若無法規劃出符合社會變化的課程,就無法培養未來社會需要人才,而這個問題直接關係到學校的存續。

基於這種認知,校長授權我在必修課程之外,可以自由設計創新教學方案,盡情嘗試。有人說寄宿學校的老師就像「Triple Threat」(三面手,原意指精通唱、跳、演的演員),因為他們不只是老師,也扮演管理學生住宿生活的父母角色,還身兼建立學生身心健康的教練。不過波特女子中學的校長並非典型的寄宿學校教育者,他具備了革新思維。這所歷史悠久的寄宿學校,甄選老師的條件一向保守而嚴謹,但校長以完全打破常規的方式聘請我並完整授權,對寄宿學校的傳統實為一大突破。

美國寄宿學校被認為是最頂尖的精英教育機構，從校長、教學主任、入學審查委員等掌握重要決策權的人，幾乎都是在教育界有數十年經驗的白人。老師們的學歷也多在碩士以上，甚至有不少教授等級的老師，因此我非常清楚這個機會非常罕見。在歷史如此悠久的傳統學校中，東亞裔移民者能夠擔任直接影響學生學習的課程設計者，這種情況可說是史無前例。

同一時期，其他的寄宿學校紛紛準備取消 AP 課程。順應這個趨勢，波特女子中學開始調整授課方向。我非常感激這個機會讓我可以站在創新教育的前線，以波特女子中學的「未來教育指導員」身分，規劃了許多不同的課程。

特別是我精心設計的 9 年級必修課「Technology, Innovation, and Entrepreneurship」（以下簡稱 TIE。在本書後半部將詳述在波特女子中學進行的各種課程）。這個課程讓學生了解快速變化的技術和世界的革新趨勢，也讓學生有機會與其他州，甚至國外的學生交流，共同發揮創意尋找解決問題的方法。這些規劃對於學生未來若有志發展新創事業能有所幫助。

我定期參加校內課程委員會，積極分享我所經歷和學到的知識，讓其他老師對學校的未來教育方向更有洞察力。想要革新教育，單純改變課程內容並不足夠，尤其是寄宿學校，還要考慮寄宿生活規範、評比方式、每天的行程安排、老師的訓練、休息空間、SEL（Social Emotional Learning。社會情緒學習）等。還有近年來廣泛討論的「DEI」（Diversity, Equity, and Inclusion。多元、平等和包

容的價值），也應該納入課程中。這些課程組成之後，還需要與專業的教育顧問討論、驗證和取得回饋。

當然，一定會有人對革新後的課程表示反對。那些幾十年來一直沿用同樣方式教學的老師，和早已習慣的家長們紛紛對我的革新教育方案提出質疑，會有這種反應其實並不意外。為了說服他們，我舉辦多次說明會，努力與他們溝通。在進行革新教育計畫的過程中，雖然也出現不少錯誤，但回顧我在那所學校 4 年期間，就成果來看可說是成功的。我規劃的 TIE 方案在執行的第二年開始，學生反應熱烈，參與度達到 20%。同時，參與的學生很多都成功申請進入哈佛大學、康乃爾大學、UCLA（加州大學洛杉磯分校）、卡內基梅隆大學、約翰霍普金斯大學、布朗大學、密涅瓦大學等，成果豐碩。其中有越來越多學生對電腦工程或新創產業產生興趣，對之後在專業選擇上有很大的影響。現在，TIE 已成為波特女子中學的代表性課程方案。

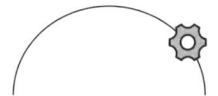

發現未來教育的方向：
密涅瓦大學和以色列大學

美國也和韓國一樣，到現在還是有許多學校以 20 世紀的方式教育孩子。以 AP 課程為例，比起以討論方式深入學習主題的教學，大多數學校還是重背誦或解題。但這種沿襲過去的教學方式已不符教育現狀，很可能會被 AI 取代。那麼，在邁向 22 世紀的今天，我們該如何教育孩子，才能讓他們在未來具有競爭力呢？我在密涅瓦大學和以色列大學找到答案。

先來看看密涅瓦大學。在韓國，密涅瓦大學被稱為是「比哈佛大學更難進入的大學」，也是「未來革新大學」，韓國首爾國家競爭力政策和戰略研究所（IPSNC）評選為「2023 世界革新大學」中排名第一。密涅瓦大學是 2010 年由美國某風險企業投資成立的大學，校本部位於舊金山，但在那裡只有宿舍。密涅瓦大學並不像其他學校有校園，因為他們全程採線上授課，課程內容以解決當地 NGO 組織、企業、社區問題等為中心。密涅瓦大學的學生每學期會前往

韓國、臺灣、印度、阿根廷、英國、德國等各個國家交流學習，尋找各種方式解決當地實際存在的問題。密涅瓦大學的教育是培養學生理解各國文化和當地市場的共鳴能力，以及與團隊合作一同解決問題的能力。

我認為密涅瓦大學的教學方式正展現出未來社會所要求的教育。以這樣的信念為基礎，現在我也在紐約的石溪學校（Stony Brook School）寄宿學校推出100％線上課程，並擔任「熱情學院」的總監。石溪學校歷史悠久，從1945年開始就有韓國留學生入學，目前也是韓國留學生較多的寄宿學校。

除此之外，最近我還把類似於密涅瓦大學的教育課程引進波特女子中學，一位在該校就讀的韓國留學生也打算申請密涅瓦大學。該名學生曾就讀過濟州島的國際學校，後來才來到美國的波特女子中學就讀，是一位在各方面都很聰明、有才的學生，令我印象深刻。

我在所有新生必修的TIE課堂上曾提出這樣的問題：「大家未來想從事什麼職業？」大部分學生都表示想成為醫生、藝人或企業家。然而這名學生的答案非常特別，讓我和其他同學都大吃一驚，她說：「老師，我想在無人島上自在的生活。」聽到這樣的回答，我直覺這個學生與眾不同，並開始留意她的上課狀況。

當時那名學生對區塊鏈技術展現了極大的興趣，正好社會對虛擬貨幣及NFT（非同質化代幣）的關注度也越來越高。發現這一點後，我將區塊鏈技術的課程納入必修，這在美國高中是史無前例的創舉。我認為就算只有一名學生對某領域感興趣，也應該將相關內

容規劃加入正規課程中,這樣才能一步步接近學校所希望的革新未來教育方向。

後來,該名學生參加了微軟 R&D 中心主辦的高中生黑客松(hackathon)競賽,取得了第二名的成績。以此為契機,該名學生又對電腦工程產生興趣。如果光看在濟州島國際學校的成績,該名學生並不突出,但在革新教育的環境下,她發掘了自己的興趣所在,並拓展出許多面向,累積了對未來有助益的經驗。她的學習動機明確,並從學習的過程中產生了利用區塊鏈技術為世界帶來積極影響的目標,因此多方參與各種活動。她在校內創立首個區塊鏈社團、籌劃介紹新技術的研討會、參與黑客松大賽等。最後,該名學生以充分展現自主學習並取得令人印象深刻的成就,得以順利進入錄取率不到 1% 的密涅瓦大學。因為她很清楚自己的目標並規劃明確的藍圖,因此可以持續學習未來社會所需要的軟實力,並取得優秀的成果。我認為建立能夠培養出這種學生的教學系統,就是未來教育的方向。

全球新創企業家最喜歡的大學

以下是全球新創企業家最青睞的大學排名,依據外界對學校的投資,以及畢業校友及在校生中的新創企業家數量而準。仔細觀察會發現,從第 1 名的史丹佛大學開始,排名前 20 的幾乎都是美國大學,只有第 7 的特拉維夫大學和第 16 以色列理工學院例外,這兩間都是以色列具代表性的名校。

Ranking	University	Founder count	Company count	Capital raised
1	Stanford University	1,435	1,297	$73.5B
2	University of California, Berkeley	1,433	1,305	$47.5B
3	Harvard University	1,205	1,086	$51.8B
4	University of Pennsylvania	1,083	993	$34.0B
5	Massachusetts Institute of Technology (MIT)	1,079	959	$46.0B
6	Cornell University	856	807	$30.0B
7	Tel Aviv University	825	692	$26.3B
8	University of Michigan	800	736	$25.3B
9	University of Texas	742	677	$15.8B
10	University of California, Los Angeles (UCLA)	639	615	$17.2B
11	Yale University	638	594	$24.0B
12	University of Southern California (USC)	609	564	$28.8B
13	Princeton University	607	571	$30.4B
14	Columbia University	606	569	$19.3B
15	University of Illinois	586	552	$20.8B
16	Technion - Israel Institute of Technology	574	494	$16.5B
17	Indian Institute of Technology, Bombay	551	431	$16.4B
18	New York University	544	513	$16.8B
19	Duke University	530	506	$17.4B
20	Brown University	522	487	$31.5B

▲ 全球大學排名

78	Seoul National University	218	190	$5.5B
79	London School of Economics		210	$4.8B
80	Michigan State University		206	$3.5B
80	California State University		208	$7.9B
82	University of Melbourne		195	$3.9B
82	University of Sydney		206	$4.9B
84	Virginia Tech		200	$4.4B

Top 5 by capital raised
Seoul National University

Company	Capital raised
Toss	$1.2B
Dunamu	$575M
Hyperconnect	$348M
True Balance	$260M
SendBird	$221M

▲ 首爾國立大學排名

首爾大學在這份名單中排名第78。人口數和國土面積只有韓國20%的以色列，是如何達到與世界頂尖大學競爭的水準呢？首爾大學和以色列大學之間出現如此大差異的原因主要有兩個。

　　第一是「教育環境」。關心子女教育的父母應該都聽過「哈柏露塔」（Havruta）教育，這是猶太人特有的教育方式，他們尋找夥伴，一同提出問題、對話並討論。哈柏露塔是一種卓越的教育方式，在尋找問題答案的過程中，不僅可以再次檢視自己了解的知識，還可以從聽取他人發言的過程中獲得各種觀點和訊息。在全世界各個領域取得成功的人當中，猶太人占多數的原因也是因為哈柏露塔教育法。在韓國，現在許多幼兒教育書籍或論述型補習班課程中，也能看到哈柏露塔教育法。

　　問題是，在韓國的教育現狀之下，孩子升到了國中，家長通常就很難再堅持哈柏露塔教育法，因為這對未來大學入學考試並無多大幫助。而且比起分析說明自己的想法、與他人討論的方式，大多數韓國學生還是更熟悉和習慣獨自學習和背誦。因此，即使在幼兒時期運用類似猶太人的教育方式，當孩子上小學3～4年級之後，隨著學習分量的增加，不符合韓國升學考試現況的哈柏露塔教育法自然會逐漸被擱置。簡單地說，家長們會因為「雖然知道這種教育法很好，但是用這種方式上不了大學」而卻步，也因此無法延續分析討論、培養思考能力的教育。

　　第二個理由是培養「全球感受性」的環境差異。以色列和韓國都是IT強國，但以色列的新創企業與韓國不同。全球許多跨國公司的研發據點都設在以色列，以色列孕育了許多活躍在世界舞臺的

新創企業，但原因有點諷刺。因為以色列的內需市場非常小，所以只有把全球當作舞臺，他們才能找到出路。也就是說，以色列人從創業階段開始，就把全世界當作市場進行企劃和研究開發。在此基礎之上，政府的積極支援和以色列國內豐富的研究技術開發基礎設施，對他們進軍全球提供了強有力的幫助。

相反地，韓國的新創企業初步都以韓國國內市場為目標。雖說韓國政府也像以色列政府一樣提供支援給新創企業，強化基礎設施，鼓勵企業拓展海外市場，但規模遠遠不足。實際上韓國新創公司成功進軍海外市場的例子很少見，反而常看到公司目標改變。越來越多人創業只是為了累積經驗，想趁年輕有個特別經歷，而非為了解決世界現存的問題而開發商品或服務。就像有人會到處參加甄試收集各種證照，也有人是累積創業經驗作為履歷的一部分，以便將來能進入穩定的大企業。

韓國和以色列在技術能力方面並沒有太大差異，但教育的方式不同，社會對創業的看法也大不相同。要理解這一點，必須先弄清楚所謂的「創業家思維」（Entrepreneurial Mindset）在兩國社會的差異。最近，康乃爾大學的招生委員曾說過這樣的話：「我們喜歡具有創業家思維的學生。」韓國的「創業」一詞和英文的「Entrepreneur」（企業家）在使用脈絡和語感略有不同。在韓國，不管是開個咖啡廳或炸雞店，都被歸類為「創業」。也就是無關規模、型式，只要是開始一份新事業，都叫「創業」。

但是在英美社會，「Entrepreneur」比較傾向是「企業」。對一個開咖啡店的人通常不會使用「Entrepreneur」。「Entrepreneur」是

用來稱呼具冒險精神的企業家，是指在不確定的情況下願意承擔風險，進行創新、積極挑戰的人。在這種情況下的「創業家思維」，就是要求具備更高規格的個人特質，例如無所畏懼的挑戰精神、為了籌募資金而說服投資者的溝通能力、有效帶領組織的領導能力等，都是代表性的個人特質。其中的核心能力，是為解決問題的設計思維與合作，最終獲得消費者共鳴的能力。

不過即使帶著這樣的創業家思維進行創業，在大部分情況下，剛開始幾乎都會經歷各種失敗。但是在英美社會，即使失敗了也有重新站起來的機會，因為人們對失敗很寬容。例如 2009 年在舊金山矽谷召開的「FailCon」（失敗者大會）就是代表性的例子。Failcon 是創業者和投資者等企業相關人士聚集在一起，分享自己的失敗經驗，分析失敗原因，討論解決方法的場合。比起隱瞞失敗，透過揭露和共享，可以獲得理解、鼓勵，以及再次飛躍的機會。相反地在韓國，一次失敗在經濟上和社會上會成為巨大的障礙。長久以來許多學生喜歡公務員、老師、醫師、律師等職業，也是出於對失敗的恐懼。

當然，韓國也是努力嘗試能夠激發學生創業家思維的新型教育。首爾大學在 2022 年秋天發表《首爾大學中長期發展規劃》報告書，表示為培養 AI 人才，將改變入學考試制度，以及引領大數據時代的教育及研究開發等長期發展計畫。但事實上，這些改革方案與全球趨勢相比，速度仍緩慢。光從外界的投資金額來看，首爾大學只有特拉維夫大學的 1／8。嚴格來說，韓國大學的青年創業基金和項目至今尚不具全球競爭力。一直以來為了不要落後而急於跟

隨他人方式學習的學生們,就算考上了大學,也很難在一夜之間變成具有創業家思維的人。

以我在各國教育最前線的經驗來看,我相信密涅瓦大學和以色列大學的模式,是今日我們最需要的教育模式。如果學生和家長不滿足現況,希望在未來成功走向全球,就應該關注這兩所大學所展現出的前景。

目前的韓國的教育狀況

　　幾年前在 EBS（韓國教育廣播公司）播出的教育企劃節目《考試》中，第 4 集〈首爾大學 A+ 的條件〉讓我受到很大的衝擊。節目內容描述，要想在首爾大學獲得 A+，只要在課堂上認真筆記，可以錄下教授的講課內容回家好好整理，在考試前拼命背誦，自然可以考取好成績。韓國教育把學生訓練成能有效找出老師給的答案，即便進入了韓國最優秀的首爾大學，仍繼續以同樣的方式學習，並獲得高分。

　　去年韓國教育部發表了《2028 大學入學制度改革方案》，根據內容顯示，等到目前國中 3 年級的學生考大學時，大考制度方向會調整為培養超越生成式 AI 的價值創造人才。但是，即使政府宣布大學入學考試制度的改革，如果實際教育環境和評分系統不改變，那麼韓國還是很難培養出具有全球競爭力的人才。現在各種最新的應用程式接連問世，AI 已經可以廣泛利用來錄製授課內容、解讀文

章、預測考題、整理摘要,但在大學仍然以背誦知識為基礎來評價學生,那又有什麼意義呢?

■ **EBS 教育企劃節目《考試》中的〈首爾大學 A+ 的條件〉。**

這不只是韓國大學的問題。在紐約曼哈頓唸研究所期間,我遇見了許多韓國留學生,發現幾個獨有的特點,其中之一就是所謂的「族譜」。當時我第一次聽到還一頭霧水,因為族譜本來是指記載家族血緣關係的本子,但用在課外輔導補習班或大學,則是用來比喻收集歷屆考試中重要考題的秘籍(即「考古題」)。我見識到多數韓國留學生擁有非常多的族譜資料,另外在選課時,比起選擇自己真正有興趣的課程,更傾向於選擇容易拿到好成績的課。雖然身處在全球核心城市曼哈頓,就讀最高水準的大學,但那些學生放著學校提供的各種資源不用,仍過著如同在韓國一般的學校生活。

在美國頂尖大學仍延續的韓國式教育

看著這些學生，我意識到，與我初移民美國時、以及 2004 年回到韓國進行「前進哈佛」計畫時的教育方式完全沒有任何改變。當時的學生從早上 8 點開始上課、考試，每天背誦少則幾十個、多則上百個英文單字。如果分數低於 90 分，老師就會通知家長，而學生會被留下來關在自習室補考，直到考到滿意的分數為止。隨著技術的發展，反而讓老師可以更有系統地管理學生。而更令人驚訝的是，大部分家長仍喜歡這種傳統的方式。

當然，在那個時期，申請美國大學時 SAT 的分數也很重要，對於韓國父母來說，傳統的學習方法是最容易、能夠最有效提高分數的方法，這種想法與補習班連結在一起。雖然當時我在以進入美國大學為目標的補習班工作，但老實說我非常討厭像機器人一樣背誦的教育方式。為了考取好成績，學生無法休息，整天都在學習，父母支付高額的補習費用，但考完試孩子就把之前學過的忘得一乾二淨，這讓人非常惋惜。

另外，我認為在英語教育上投入太多的時間和金錢也是個大問題。韓國人對於英語教育的投資毫不吝嗇，從孩子牙牙學語開始就教英文字母，一路到上英語幼稚園、國際學校，家長極度盼望孩子從小就學好英語。我在美國寄宿學校任教時，看過很多托福滿分，或像本地人一樣說得一口流利英語的留學生。當然並非所有人都那樣，從我設計的未來教育課程中觀察到，表現比較差的學生中有不少是來自韓國的留學生。雖然英語實力很好，但缺乏與其他國家精

英學生合作的能力、獨立思考的能力、自主學習的能力。這些學生在課堂上被要求提出自己的想法時，大部分都會搖著頭要求「老師，你乾脆直接告訴我要怎麼做還比較好！」這種現象在中國留學生身上也會看到。能進入美國頂尖寄宿學校的學生，在韓國肯定是擁有最優秀英語實力和學習能力的學生，但為什麼到了美國會變成那樣？究竟問題出在哪裡呢？我相信，是韓國的填鴨式學習方法限縮了孩子無限可能的創造力和思考範圍。

父母打造的學習歷程毫無用處

現在，比起讓子女盲目學習，更重要的是讓他們產生「為什麼」的想法。我們應該引導孩子自己思考、尋找答案，思考「為什麼」學習、「為什麼」要好好生活，以及好好生活所需的技能。若沒有這樣的過程，只靠父母打造的學習歷程，那麼無論是在考試或以後的社會生活中，都毫無意義。

有人開玩笑說，爺爺的財力、媽媽的情報蒐集能力以及爸爸的漠不關心，是韓國大學考試最重要的三大條件。雖然是玩笑話，但我想反問，媽媽費盡心力蒐集情報，讓孩子循著其他錄取名校的孩子走過的路走，這樣究竟有什麼意義？那絕對不是孩子的實力！但儘管如此，在與家長面談的過程中發現，仍然有很多熱衷於「打造學習歷程」的家長。他們會選擇容易錄取名校的項目，而非孩子真正關心的領域，這其實很容易給人只為上大學而做的感覺。而且在這個過程中，完全看不見孩子的想法和意見。

但是，我們在第一章中已經了解，美國頂尖大學希望的不是單純的「Making」（製造），而是真正的「Experiencing」（體驗），從中感受情緒，累積想法，並表達對自己產生的影響。美國大學的入學申請非常重視申請者的故事，因此，即使完全照著過來人的步伐走，但如果不是自己真正實實在在的體驗，也會在招生委員面前瞬間被揭穿。不要忘了，他們都是專家。

當時是對的，現在是錯的

小時候依照父母安排，去大家都去的補習班，跟著考上名校的學長製作相同的學習歷程檔案，但本人卻對那些事物毫無興趣和熱情，只是為了拿出一份漂亮的檔案，這樣的孩子在自己的人生中什麼時候會經歷「失敗」呢？不少家長認為，讓孩子預先學習，就能避免經歷「失敗」。或許學校教育可以預習，但人生可以嗎？

生活中每天都會遇到大大小小的挑戰，這些人生課題不是只憑成績優秀就能解決。在成長過程中沒有嚐過失敗的孩子，無法學會「主動挑戰」自己的生活。未曾有過摔倒了自己拍拍屁股重新站起來的孩子，當遇到「失敗」的瞬間，會很難鼓起勇氣克服困難，挑戰嘗試新事物。

我們來舉個例子。想像一下，為了讓從小衣食無缺的孩子知道可能有其他年齡相仿的孩童過著不一樣的生活，於是向孩子提議一起去育幼院或偏鄉當志工。

在進行志工活動的過程中，孩子對當地孩童所處的困難產生共鳴，因為這個經歷讓他思考還可以怎樣幫助他們，於是孩子想到了解決「食」的問題，因為這是人類生活中最必要且基本的需求。從自我內在發現新的使命，並在探索和學習相關知識的過程中發現，低收入家庭的孩子往往缺乏各種營養，尤其蛋白質的攝取更是遠遠不足。為了改善經濟環境影響造成無法攝取足夠蛋白質的狀況，於是孩子想嘗試為他們製作營養的餐點。孩子思考食譜，用心料理，再請大家試吃。有人稱讚好吃，孩子得到動力；有人反應缺點，孩子就再思考如何改善。像這樣經歷過失敗和挑戰，孩子就有了基礎的經驗，未來若有機會可以參與營運甚至自行組織非營利團體。

　　以上的例子是不是太異想天開了？但事實上這並不是我隨便亂編的故事，而是在微軟公司舉辦「潛能創意盃（Imagine Cup）」競賽中獲勝的隊伍「Wafree」的真實故事。Wafree 是由一群韓國學生組成。在競賽中，參賽者必須運用科技和創意解決主辦單位拋出的難題，基本上都是目前全球面臨的問題。例如「想像一個科技幫助解決世界最艱難問題的世界」、「想像一個科技可以創造環境永續發展的世界」、「想像一個科技可以讓我們活得更健康的世界」等。Wafree 在 2009 年的大賽中，得到嵌入式系統開發組的冠軍。他們透過培養食用昆蟲的驚人創意，建構出解決全球飢餓問題的目標。其中一名隊員因當時的經驗獲得高度評價，順利申請進入哥倫比亞大學。

引領全球教育趨勢的美國頂尖大學所希望的人才，就是擁有這種經驗的孩子。比起擁有許多不同領域證照的人，更需要具有實際解決問題經驗，未來也能展現解決各種問題能力的人，而這種能力是無法靠父母的力量獲得的。

現在我們需要的人才

翻轉者正在改變世界

　　第二次世界大戰勝利後，美國成為世界強國，也逐漸發展出今日的教育體系。如同基於工業化和標準化大量生產和大量消費的「福特主義」（Fordism）一樣，是一套可以快速有效創造人力資源的教育系統。例如，同年級的學生在任何地方都可以學習到相同的科目，其中針對能夠快速跟上進度，取得優秀成績的學生，更發展出可以跳級提早大學畢業的制度。在韓國國際學校和美國學校教育教授的 AP 課程就是代表。

　　前面針對 AP 課程簡短說明過，這是在冷戰初期制定的課程，高中生可以提早修讀大學 1 年級的課程，並可以取得學分認可。目的是讓學習能力強的學生可以盡早畢業，投入產業領域。美國之所以建立這樣的教育體系，主要因應二次大戰後的冷戰時期，為了與前蘇聯較勁，在太空以及軍備競賽中取得勝利，積極培養精英人才讓他們可以迅速投入各產業中。

這種教育體系可以說冷戰時期的產物，經過半個世紀了仍持續存在。每年都有數百萬名美國高中學生（包括留學生）進行 AP 考試，提早取得大學學分。不過近來也發生了一些變化，美國大學在入學申請審查時，AP 考試成績的比重已不再像以前那樣了。例如滿分為 5 分，只要獲得 3～4 分即可通過入學考試，但入學後仍需再次修讀那一門 AP 學科。

　　另一方面，從美國大學的平均畢業率來看，4 年內畢業的學生只占了 41%。也就是說，超過一半以上的學生無法「按時」畢業。唸 5 年才畢業的學生比率為 60% 左右。那麼又產生了一個疑問，雖然目的不是要提前畢業，但為什麼還是有那麼多美國高中生要上 AP 課程、參加考試？理由很簡單，因為隨著申請大學的人數劇增，越是頂尖的大學就越難進去。因此為了吸引招生委員的青睞，就得在入學申請書上列出修讀過的高難度課程。即使進入大學後必須再修一次，但就當作是提前學習。

祖克柏進入哈佛大學的理由

　　如我之前曾反覆提到的，包括哈佛大學在內的美國名校所希望招攬的人才類型正在改變。這些大學要找有潛力成為世界第一的青年，比起在所有領域的表現都在平均之上，但沒有特別專長的學生，他們更想要的是在某個領域具有獨一無二的能力和潛力的人，這種學生對他們來說更有吸引力。

Meta 的創辦人祖克柏高中畢業於美國著名的寄宿學校菲利普斯艾希特學院（Exeter Academy），後來進入了哈佛大學。祖克柏從高中開始創業，他其實並不是非得要進哈佛不可。或許可以說是哈佛大學更需要祖克柏的潛力。有趣的是，比爾蓋茲曾試圖想將還是高中生的祖克柏挖到微軟。祖克柏在高中時期就開發了利用 AI 來學習使用者收聽音樂習慣的「Synaps Media Player」音樂程式，並擁有專利權。當時的微軟公司除了想攬他加入，還提出 98 萬美元的金額想收購這個程式的專利，計劃擴大價值。（祖克柏當時拒絕了，並將 Synaps Media Player 放在網路上免費提供下載使用）祖克格後來選擇進入哈佛大學。

　　為什麼祖克柏選擇上大學，而且還是有名的哈佛大學？他開發出價值 98 萬美元的專利程式，可說在自己的專業領域已經擁有成功，也有了自己的公司，為什麼還要一份大學文憑呢？事實上，祖克柏需要的不是大學文憑，而是名校的校友網絡和資源。臉書（Facebook，現為 Matta）的最初版本，就是他在哈佛大學宿舍與室友一起合作建立的平臺，目的是拓展私校學生之間的交流。

我們的社會能培養出翻轉者嗎？

　　有人說，現在世界已經進入了第 5 次產業革命時代。時代如此進步，如果還用第 3 次產業革命時制定的課程來教孩子，那麼幾十年後，孩子能有競爭力嗎？還記得 2016 年春天，由谷歌（Google）

開發的人工智慧圍棋程式「AlphaGo」與南韓棋士李世乭九段之間的世紀對局嗎？在當時的五場對決中，AlphaGo 贏了四場。3 年後，李世乭宣布引退，當時他說道：「人工智慧問世，我就算拼了命的拿到第一，也不是最強的。我感覺到，不管再厲害，還是會輸給電腦。」即使是擁有最強實力的圍棋棋士，在現在這個時代，面對人工智慧也無可奈何。

但是還有值得我們注意的地方。李世乭在第四場對弈中贏得勝利，成為「唯一戰勝 AlphGo 的人」。這代表了人類依舊存在著超越人工智慧的可能。如同神來之筆的創意和直覺，是大數據無法觸及的部分。而具有這種能力的人才，我們稱之為翻轉者。

在第二章中介紹過未來教育樣版之一的以色列大學。以色列人口和國土面積僅占大韓民國的 20%，但據經濟合作暨發展組織（OECD）公布的 2020 年統計數據，以色列在一年間吸引到的風險投資總額達到 881 億美元，而韓國只有 258 億美元，約為以色列的 1/3。以色列有許多新創企業，以出色的產品企劃獲得投資人的青睞。透過包括谷歌等全球 IT 企業的收購合併，取得巨大的成果。再誇張一點，可以說以色列的新創公司只要創業就會立即賺錢。

許多年輕的以色列青年都抱著挑戰精神，不屈服於危險，尋找未來可能成為海外大企業投資標的的企劃，一試再試開創事業。我相信，在技術能力方面同樣具有能力的韓國青年，一定也有機會取得同樣的成果，我們缺少的或許只是創新的精神和心態。不能只把開創事業視為累積經歷的工具，應該放大格局，懷抱改變世界的挑戰精神。

走向世界的競爭力，全球敏銳度

　　韓國的國土面積比鄰國日本小，資源也少。韓國的國內生產毛額（以下簡稱 GDP）曾一度躍居世界前十大，但後來又下滑。反觀中國以驚人的氣勢上升，經濟規模現在已經上升到了世界第二的水準。中國富豪的資產龐大根本就是韓國富豪無法相比的，而與此同時，全球人口最多的印度，也憑藉豐富的勞動力，正迅速發展成為潛在的經濟強國。

　　美國最具代表性的投資銀行高盛（The Goldman Sachs Group, Inc.）在 2023 年初發表了一份題為《邁向 2075 年之路》的報告，報告顯示韓國目前的 GDP 位居世界第十二位，但預計到 2050 年，將會跌至第十五位。這是因為出生率下降，人口數急劇減少，影響內需市場變小。而且隨著高齡化社會來臨，高齡人口增加，整個社會的生產量相對減少。除此之外，還有北韓這個不容忽視的變數。相較之下，以人口數和潛在的市場規模考量，預估印度和印尼的 GDP 將進入全球前五大，而中國將躍升為世界第一。

必須超越內需市場,走向世界舞臺的理由

我在 1986 年移民到美國,當時美國是全球 GDP 最高的國家,超越排名第二的日本達兩倍多。而日本加上德國(第三)、法國(第四)、英國(第五)的 GDP 總值,才能「接近」美國的 GDP。不過從 1980 年代後期到 1990 年代初期,日本的經濟影響力呈現驚人的上升趨勢。當時生活在美國的我、鄰居、朋友們,家中多數使用的電子產品和汽車幾乎都是「日本製造」(Made in Japan)。

在美國,索尼(SONY)、東芝(Toshiba)、豐田(TOYOTA)、松下(Panasonic)、三菱(Mitsubishi)等日本品牌的認知度和信賴度相當高,因此許多人預測日本將超越美國成為世界第一經濟大國。同一時期,韓國才剛剛開始進軍全球市場。現代汽車(HYUNDAI)推出名為「Excel」的汽車進入美國市場,但當時美國境內幾乎都是日本產汽車,韓國生產的汽車被認為品質相對較低。雖然我住在韓裔僑民最多的加州,但在當地連韓裔僑民也幾乎沒人開韓國汽車。可見當時日本的技術及品質非常受到推崇。

然而過了 40 年後的今天,國際經濟又變成怎樣了?日本被中國超越,GDP 下滑至全球第四位;GDP 占比一度達到全球 2/3 以上的美國,如今已跌至 1/4 以下。相反地,韓國躍升為世界第 10 大經濟及文化強國,特別是三星電子和現代汽車等韓國企業,在美國市場的占有率和認知度提高,躍升為全球性企業。韓國之所以能在短時間內經濟大幅成長,主要原因是透過教育培養出很多優秀的人力資源。過去填鴨式教育培養出實實在在學習的學生,只要苦讀就能進入大學接受高等教育,畢業後成為社會成長的動力。

但今後如果還是沿襲過去的方式，很難再成為經濟成長的動力。中國以低廉、大量的勞動力為基礎，現已成為全球大多數產品的生產工廠，再加上近幾年成長的技術能力，成為科技技術強國的實力不容忽視。

還有前面提到的印度，成長趨勢也非常驚人，特別是我研究的教育科技（Ed-Tech）領域，印度目前被視為擁有全球最高水準。今日的韓國，在很多方面很像 90 年代我在美國看到的日本。90 年代中期之前，日本國內股票和房地產在暴漲後導致泡沫經濟而崩潰，日本就像「失去了 30 年」一樣，進入了長期不景氣狀態。再加上少子化、高齡化現象，成為日本面臨最嚴峻的社會問題。

雖不能說是絕對，但如果不進行革新，目前最具代表性的韓國跨國企業三星電子，很有可能會走上與日本索尼相同的道路。事實上，目前三星電子在全球智慧型手機市場的占有率正逐年下滑。2013 年第三季，三星電子的智慧型手機占全球市場的 1/3，占有率達到 32.5%。但到了 2022 年，全球市場占有率落至 20% 多一點，而且持續下滑。此外，像 NHN（NAVER Corporation，是韓國目前最大的資訊科技公司）、KAKAO（韓國最大通訊軟體）等大企業，在規模較小的內需市場中也很難再有突破性的成長，雖然不斷嘗試摸索想打入全球市場，但似乎很難跨越壁壘。

全球敏銳度為何重要？

那麼，若想走出內需市場踏入世界，需要什麼條件呢？個別的特質當然是必需，但我認為最重要的是培養「全球敏銳度」。因為如果不理解世界各國的文化、歷史、政治、環境的差異，就很難創造符合當地的產品或服務。也就是說，只有成為具備國際觀的世界公民，才能成長為對未來社會有影響力的領導者。

不過所幸韓國正成長為全球文化強國。最近我經常接觸想到韓國留學，或對韓國文化很感興趣的外國學生，可以說現在韓國文化逐漸在國際產生影響力。還有一個不容忽視的事實，就是現在在全球舞臺上成功的案例，他們所走的是完全不同的路徑。防彈少年團（BTS）和《魷魚遊戲》就是代表性的例子。

防彈少年團是「唯二」在美國專輯銷售達 50 萬張以上的藝人之一（另一位是泰勒斯〔Taylor Alison Swift〕）。他們擁有粉絲最多、MV 瀏覽數最多、串流平臺線上付費演唱會銷售最多等 25 個以上的世界紀錄。還有另一個是《魷魚遊戲》，根據影音串流平臺 Netflix 的內部報告顯示，《魷魚遊戲》的價值達 9 億美元。防彈少年團和《魷魚遊戲》在國際上都創下了難以數計的各種紀錄，可說是聲名大噪，無人不知、無人不曉。

我在 Miss Porter's School 時期，講授關於娛樂產業的課程中，曾與學生們分析過哈佛商學院製作的防彈少年團研究內容。根據哈佛商學院的研究顯示，防彈少年團並不是從一開始就擁有高人

氣。2013 年初出道時，防彈少年團雖不是沒沒無聞，但也還不到「走紅」的水準。後來 Big Hit 娛樂公司（現在為 Hyve）的製作人兼代表房時赫，與韓國三大娛樂公司（SM、JYP、YG）以完全不同的戰略推動防彈少年團。比起韓國、日本、中國市場，他們更集中於北美和南美市場。同時團體成員也不同於一般藝人完全按照經紀公司的指導表現，而是擁有完全的自主性，可以直接作詞作曲、製作的全方位藝人，在成員製作的音樂中可包含自己真實的苦惱和想法，推出後大獲好評。這也許就是防彈少年團可以引起全球粉絲共鳴的核心之一。

再來看看《魷魚遊戲》，這部戲劇的劇本在 2009 年就完成，但由於在韓國找不到投資者，所以一直沒能進入製作階段。一直到 10 年後，也就是 2019 年，洞察到《魷魚遊戲》這個故事價值的 Netflix，大學投資製作，成功地讓《魷魚遊戲》成為全球爆紅的戲劇。《魷魚遊戲》每集製作費近千萬台幣，第一季整體製作費接近 5 億台幣。但是隨著電視劇的成功，擁有《魷魚遊戲》版權的 Netflix 獲得了超過 224 億台幣的投資收益。

這兩個事例都證明了即使在韓國國內未受到高度評價，也能成功進軍海外。從這兩個例子中可以學到，若能夠洞察全球趨勢，創造出具有個別特色和全球敏銳度的產品或服務，那麼就有很大的機會可以取得成功。

不過在現實中也有相反的情況，三星電子的智慧型手機就是典型的例子。在韓國，手拿三星 Galaxy 智慧型手機的用戶不亞於

iPhone 用戶。Galaxy 手機在功能和配置方面基本上優於 iPhone。2022 年下半期，三星還推出可以完全摺疊的智慧型手機為主力產品，透過大規模行銷確保了在美國市場的一席之地。三星後來又推出 Galaxy S24 系列，開啟行動 AI 的新時代。特別是 Galaxy S24 Ultra 機型搭載了 On-Device AI（智慧終端。機器本身提供 AI 服務的技術，不需透過雲端處理器也可以使用各種 AI 功能）功能的即時翻譯，將重點放在消除語言障礙。使用者在通話時，手機可以即時提供音頻和文章翻譯，大大簡化了使用其他語言時的溝通問題。此外，還有 AI 生成式照片及影片編輯功能，是大幅反映革新技術的產品。但是實際上與未來主要消費層的學生們討論，發現他們對具備這種技術的三星手機，在關注度和評價方面並不高。

雖然三星手機功能卓越，但許多學生更喜歡 iPhone，一旦踏入蘋果電子產品的生態系統之後就很難脫離。例如一開始原本只使用 iPhone，久而久之，為了享受相容性的便利，連接智慧型手機的其他電子產品很可能會逐一更換成蘋果的產品。另外，蘋果在行銷上比起強調技術實力的三星，更傾向於觸動使用者的感受度。這讓我們重新思考，現在若要在世界市場占一席之地，應該把重點放在哪些地方。

反過來說，美國企業進軍韓國市場時也遇到同樣的狀況，最具代表性的就是全球最大流通企業沃爾瑪（Walmart）。沃爾瑪的市值超過 7600 億美金，而他們唯一進軍海外失敗的國家就是韓國。沃爾瑪是在 1988 年韓國遭遇外匯危機時進入。當時沃爾瑪信誓旦旦地認為，只要靠著一貫的方式，在韓國也能一舉成功。他們並未深

入研究韓國當地人民特性和文化，不了解韓國人喜歡新鮮、產地直送的食品更勝於冷凍食品，在地點選擇上也出現很大的錯誤。在美國，開車前往大型超市是很常見的事，但在容易塞車的首爾市，超市最重要的一點就是容易接近，沃爾瑪忽略了這一點。

由此可見，若想到海外銷售產品和服務，就要先認知到國內市場和世界市場的需求、期望值不同。也因此，若希望孩子成長為未來世界活躍的翻轉者，就要先培養他們的全球敏銳度。

比起流利的英語實力，還有更重要的東西

在談論全球敏銳度的同時，也不能忽略了英語教育。韓國父母對英語教育的狂熱一直都高漲不熄，但令人遺憾的是，許多家長似乎把英語當作一門需要好好考試的學問，而不是溝通的工具。英語在升學考試中是很重要的科目，現在許多公司也會要求應徵者需具備一定程度的多益、托福成績，讓人不禁感嘆學英語的目的似乎已經扭曲了。

英語的本質是一種語言，而語言是讓人能更有效地表現和傳達自己想法的手段。如果希望孩子到國外可以用英語流利對話，但學習方式卻側重提高考試分數，那結果就跟那些進軍海外失敗的企業所犯的錯誤沒有什麼兩樣。

要成為全球性人才，培養英語能力是必要的，知道越多詞彙，當然就越能表達自己想法、與人溝通。英語雖為世界通用的語言，但也只是一個溝通的工具，比起流暢度，更重要的應該是能夠表達自己的想法。前任聯合國秘書長潘基文的英語流利程度，恐怕沒有人認為他的英語說得像母語韓語一樣好。但大家都知道，他能成為首位韓籍的聯合國秘書長並不僅是英語能力強，而是他在擔任外交官期間所表現的成果和領導能力。

也就是說，英語能力是成為國際人才的必要條件（從溝通的角度來看），但我們不能忘記「英語好」的意義並非英語考試分數高或發音正確。就算說得不流暢，只要能夠明確表達具有吸引力的想法，就會受到關注。英語只不過是盛裝想法的器皿而已。實際上到國外，能夠說得一口流利英語的非英語系國家的人並不多。但比起因為害羞或者擔心說錯而不敢開口的人，那些即使英語能力尚可，但仍積極努力表達自己想法並參與對話的人，日後語言實力會迅速進步，對人際關係也會有所助益。

英語是世界通用的語言，想要踏上國際舞臺就必須說得一口好英語這種想法，現在也讓人產生疑問。看看防彈少年團的成員中，除了隊長 RM 之外，其他成員的英語並不流利，而且他們發表的歌曲大多都是韓語，而非英語。《魷魚遊戲》也是由韓國導演製作、韓國演員用韓語演出的韓國電視劇。但這兩個例子都受到全世界的極大關注，這讓我們切身感受到，真正重要的不是語言，而是內容。

假設現在要蓋房子。把房子蓋好是最終目的，但如果一直思考如何擁有一把好鏟子無疑是浪費時間。不管是金鏟子還是鐵鏟子，真正要考慮應該是哪一把才是能蓋房子的鏟子。當然，好的工具可以更有效率達成目標，但即使擁有昂貴的鏟子，但對要建造什麼樣的房子完全沒有規劃和設計圖，那不也是一點用處都沒有嗎？

不怕失敗的創新思維

在遊戲的世界裡，玩家為了完成設定好的任務或打敗敵人，必須多方面培養自己所選角色的能力和裝備。例如最大限度地發揮所選角色的優點，或取得在遭受攻擊時能重新復活的藥物等。但是，即使從一開始就不停鍛練，但卻從未與怪獸「直接」戰鬥，那麼就無法知道所選角色還缺少什麼裝備、需要什麼能力。

現實世界也是如此。誰都無法準確預測，未來在孩子面前會出現什麼樣的「怪獸」。在充滿不確定性的時代，比起出色的程式設計或計算能力，孩子更需要無論發生什麼變化都能靈活應對的適應力和挑戰精神，也就是所謂的軟實力。但這些軟實力並非一朝一夕就能擁有，必須反覆經歷挑戰、失敗和再次挑戰的過程，才能逐漸累積經驗，內化成堅實的軟實力。

人生在世，沒有人不會經歷失敗。小時候有父母、老師等大人保護、引導，像籠笆一樣阻擋不好的事物，但長大後步入社會，開始每天都會面臨大大小小的失敗和挫折。許多小時候從未嚐過失敗經驗的孩子，長大成人後遇到生活中的阻礙時就不知道該如何應對。

再進一步來看，沒有考驗，就很難培養創造力。創造力是培養未來翻轉者所必需的「創新思維」當中一項非常重要的技能。創造力並非能在補習班或特定教具持續訓練就能培養的，以我的經驗來看，培養創造力最有效、最可靠的方法，就是反覆累積以開創者的眼光來看待問題和解決問題的經驗。以前面曾提到每年在美國矽谷舉行的「FailCon」（失敗者大會）為例，在美國新創事業文化中，失敗被認為是寶貴的經驗。開發新創事業的過程中，遭遇失敗意味著為了解決自己關注領域的問題，不斷勇於嘗試各種方法，雖然不停跌倒，但同時也了解「原來這樣做會失敗」。換句話說，就是學習到了怎麼做才有機會成功的經驗。

創新思維的核心，就是即使挑戰失敗也不會放棄的自信和意志力（Grit）。意志力是美國心理學家安琪拉・達克沃斯（Angela Duckworth）提出的概念，意指成功的關鍵作用是毅力、勇氣。想培養這種能力，就要從青少年開始關注我們生存的世界有哪些問題，引導孩子探索、體驗各種解決方法。關於意志力，在第四章會更進一步討論。

在體驗過程中，為了得到有意義的成果，必須與相關人士進行合作和溝通。這種溝通過程通常需要較長時間，也很難一次就找到成功解決的方法，但在教育方面的效果很卓越。因此美國對於新創事業的失敗經驗通常都給予不錯的評價，目的是為了讓年輕人不要害怕失敗，能盡情發揮創意、鼓勵挑戰。在教育領域，能培養孩子發揮挑戰精神和創造力來解決問題的教育方式也開始受到關注。

　　想了解現在全球市場值得關注的新創事業項目並不難，拜網路及社群平臺發達之賜，YouTube 上每天都會上傳無數包羅萬象的影片。YouTube 成立於 2005 年，當時正是美國社群媒體開始發展的時期。谷歌早已嗅到這個趨勢，在 2006 年 11 月收購甫問世一年多的 YouTube。後來的發展就如同我們看到的，YouTube 在網路上建立了強大的支配力。在這種情況下，韓國的 NHN 或 KAKAO 想與谷歌爭奪市場就顯得困難重重。

　　如同谷歌慧眼獨具早早收購了 YouTube，全球 IT 大企業也積極收購展示卓越創意和技術力的新創事業，努力網羅以壯大組織，同時也將有創新思維的人才吸引進來。因此我希望韓國學生不要只專注於進入穩建的大企業，或考取公職、取得各種證照尋求鐵飯碗。我非常鼓勵年輕人將自己的想法付諸實現，開創自己的事業，進一步成長為具有創新思維與革新價值的經營者。今日左右網路生態界的谷歌，一開始也是由兩名具創新思維的史丹佛大學學生創立的。

美國人工智慧研究所 OpenAI 的執行長山姆‧奧特曼（Sam Altman）在一次採訪中表示，隨著生成式 AI 技術的發展，小規模團隊，甚至是一人公司都可能成為「獨角獸」企業（Unicorn。是指估值超過 10 億美元的新創公司）。比起有規模的企業，新創公司在研究開發的溝通及決策上具有可以更迅速、自由進行的優點。在奧特曼的願景中，生成式 AI 被認為將進一步強化新創公司原本具有的優勢。

　　拋開能否獲得財富和名譽不說，全世界現正關注的是聯合國發表的永續發展目標項目中，各個領域具有積極影響力的年輕新創事業者。韓國的內需市場有限，未來若要具備足夠的競爭力，就必須全力在全球市場站穩腳步。同時千萬切記，具有不畏懼失敗的創新思維的青年，才是未來社會期待的人才。

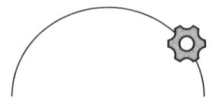

日益重要的軟實力，6C

2002 年，美國成立「二十一世紀關鍵能力聯盟」（Partnership for 21st Century Skills, 以下簡稱 P21）特別委員會。P21 以數年的研究和討論為基礎，在 2008 年發表了展望未來社會生活所必需能力的報告書。報告中提到以「4C」作為未來核心能力。4C 的具體說明如下：

- 批判性思考 Critical thinking
- 溝通 Communication
- 合作 Collaboration
- 創造與創新 Creativity

2016 年，美國發展心理學家凱西・希爾什－帕塞克（Kathy Hirsh-Pasek）與羅貝塔・米希尼克・戈林科夫（Roberta Michnick Golinkoff）在《Becoming Brlliant》一書中，為未來型人才的條件增加了 2 個 C，於是 4C 成為 6C。新增加的項目如下：

- 內容 Content
- 自信 Confidence

另一方面，NPDL 國際組織（New Pedagogies for Deep Learning）的代表，同時也是加拿大多倫多大學名譽教授邁克爾・福蘭（Michael Fullan）提出以下 2 點特質，定義為深度學習的能力，主張未來人才應具備 6C 素養。

- 品格 Character
- 世界公民 Citizenship

前面曾提到過未來核心能力的特質中，有一個共同點就是都屬於「軟實力」。若說硬技能是指學歷、技術、資格證照，那麼軟實力就是溝通、領導、責任感、積極的心態等，是跟人際交流、相互作用有關的能力。6C 就是指 6 種軟實力，具體說明如下：

■ 批判性思考 Critical thinking

批判性思考是指在資訊爆炸的大數據時代，必須懂得分析和過濾訊息。同時還要有解決問題的能力、深度的思維，以及對世界上發生的各種問題能夠從多角度洞察和提問的能力。

- **溝通 Communication**

　　溝通必須準確、簡潔。要能準確傳達自己的想法,同時也要具備傾聽和尊重對方意見的態度。

- **合作 Collaboration**

　　合作的技能在與各種不同個性和背景的人在一起時非常有用。特別是當你加入某個群體時,可以用靈活的態度相互尊重和幫助,進而成功地達成共同目標。以此為基礎,再發揮自己的專長或領導能力,就能創造卓越的成果。

- **創意 Creativity**

　　創意是將自己已經獲得的知識重組,以新的方式創造新事物的能力。有創意的孩子樂於探險、挑戰,即使經歷失敗也不退縮,還能培養出抵抗力。

- **世界公民 Citizenship**

　　這是尊重和理解不同文化、不同國家人民的能力。現在已是全球化時代,藝術、電影、歷史、科學、宗教等都不再侷限於一個國家的邊界內。若能廣泛與其他文化圈的人們合作交流,必能創造更好的未來。

- **品格 Character**

良好的人格品德是孩子必不可少的素養，重點在毅力和韌性。訓練孩子克服失敗，建立勇氣、氣節和耐心、復原力等，那麼即使遇到困難，也會換個角度看世界，擁有不迷失自我以及與世界連結的力量。

世界著名財經雜誌《富比士》針對美國大學及企業合作進行問卷調查，結果顯示在產學雙方都認為最重要的能力是團隊合作、決策和解決問題能力等軟實力。軟實力是未來人才必備的核心能力，也是成為具創新思維的翻轉者的關鍵能力。這些軟實力無法自學，也不是上補習班就能學到，必須從與他人不斷溝通、交流的環境中培養。

專家們不斷強調 6C 的重要性，理由很簡單，因為未來如果 AI 和自動化系統可以取代人類處理大部份需要硬技能的事，那麼具備機器無法擁有的軟實力，才是在未來社會生存的唯一方法。只有這樣，人類才能超越 AI 和機器人。為了培養在急劇變化的世界中也能生存的翻轉者，美國歷史悠久的私立名校也紛紛革新教育方向，積極嘗試並調整教學內容，讓學校成為培養學生具備 6C 素養的搖籃。

你的孩子具有永續發展的可能性嗎

若為了培養未來型人才設計課程而感到苦惱,在此提供一個參考方法,就是聯合國提出的永續發展目標(Sustainable Development Goals, 簡稱 SDGs)。

▲ 聯合國永續發展目標

SDGs 是 2015 年第 70 屆聯合國大會決議，將一直持續到 2030 年的發展目標，內容為世界各國為實現永續發展理念而協商出的 17 個目標，分別由人類普遍性問題（貧窮、飢餓、教育、性別平等、國家內外衝突）、全球環境問題（氣候變化、能源危機、環境污染、水、生物多樣性等）、經濟社會問題（技術、居住、勞資問題、生產消費、社會結構、法律、對內外經濟）構成，再細分為 169 個具體目標。韓國也在 2022 年制定《永續發展基本法》，為履行聯合國的永續發展目標而積極努力。SDGs 是國際社會共同認可，為了建設更好的未來而制定的全球標準。換句話說，若能理解 SDGs 的概念，並積極思考實現各個目標的方法，那麼這個人就具備了未來社會所需的能力。最近不只政府機關，許多大企業也投入 SDGs，規劃與執行相關行動，負起為社會貢獻的企業責任。

　　SDGs 的 17 個主要目標詳細內容，可以透過以下 QR-Code 進入韓國官方的「永續發展」網站查看。

■ **永續發展入口網站**

台灣 https://globalgoals.tw/

新冠肺炎大流行期間，我在波特女子中學與學生們一同以「全球性疫情」（pandemic）為主題，企劃了討論解決方法的線上課程，獲得很好的回響。如果想教導孩子如何應對世界的變化，卻不知如何著手，可以運用 SDGs，會有很大的幫助。

SDGs 由 17 個目標組成，以消除貧窮、終結飢餓、安全的糧食和永續農業發展、性別平等和優質綜合教育等，一連串持續到 2030 年必須實現的地球村目標。若以這些項目為主題，與孩子一起進行討論或思考行動，等於是傳達給孩子切身相關的知識。即使沒有專家學者參與、沒有與其他孩子交流的機會，但也無須感到壓力。活用網路搜尋相關資訊，家長先了解 SDGs 的內容，再找適合的主題與孩子討論，這樣就可以為將來進一步實踐 SDGs 相關活動打下基礎。

舉一個簡單的例子。現在孩子都知道要進行資源回收，但對於為什麼要分類、應該怎麼做才對、資源回收對地球會產生什麼影響等問題，其實很模糊。就算知道也多是片面的資訊。那麼可以和孩子一起上網搜尋，想想要用什麼關鍵詞搜尋資源回收相關資訊，再進一步運用多樣性的關鍵詞進行深度搜尋。

例如從「資源回收的正確方法」開始搜尋，再到「回收再利用」的過程，那麼就可以得到許多相關的資訊，像是書籍、影片、新聞、相關活動等。要一一檢視可能很難，但可以從中挑選孩子感興趣的內容一同了解，有機會還可親自體驗。

這樣一來，孩子會從只知道「為了環境必須進行資源回收」，更進一步到了解如何正確有效的回收，甚至可以將正確的回收方法分享給別人，或激發出自己的想法。培養未來型人才的教育重點，是將孩子覺得毫無關係的知識導入孩子的生活，只有意識到這個問題與自己切身相關時，才會去探索解決方法。這才是真正的教育。

還有一個活用 SDGs 教育導致實際行動變化的有趣例子。美國一所學校針對校內數百名學生進行調查，內容是有兩家公司販售相同設計和顏色的 T 恤，一家非法雇用童工以降低人事成本，而另一家公司展現社會正義絕不雇用童工，也因此這家公司生產的服飾價格比雇用童工那家公司多了 10%～20%。在向學生說明雇用非法童工的問題後，再詢問學生打算購買哪一家的衣服。令人驚訝的是，這些年輕消費者會考量企業所追求的社會價值，寧願捨棄價格較便宜的那家公司，更願意購買另一家不用童工的公司生產的服飾。

最近我也開設了線上 SDGs 課程，授課對象為各個不同國家的學生。現在的孩子不分國籍，都對未來的地球和環境懷有憂患意識。新聞不斷報導有關氣候危機或國家紛爭的消息，讓孩子們擔心自己長大後的世界不知會變成什麼樣。孩子們這些茫然的恐懼和憂慮，其實可以透過大人優質的教育，發展成思考如何讓世界往更好方向轉變的問題意識。

像這樣以 SDGs 為基礎，深入探究年輕一代所重視的價值和苦惱，不僅可以掌握全球趨勢，透過父母與孩子之間彼此傾聽、分享想法，還可以產生共鳴，消除世代之間的差距。親子若能經常對話，就是有效培養孩子軟實力的最好方法。

應對變化永遠不嫌遲

2021年，防彈少年團由韓國總統指名，以「未來世代文化總統特使」的身分，站上第76屆聯合國大會發表演說，觀看人次突破100萬。在演說中，防彈少年團透過傳達年輕世代為健康地挺過疫情大流行時期而做的努力，讚揚年輕人的復原力與挑戰精神。防彈少年團在聯合國大會的演說證明，不管年齡大小，都可以站在世界舞臺上，傳遞出改變世界的希望訊息。不過，還有一位比防彈少年團年紀更小，就在世界各國領袖聚集的場合發表演說的人物，就是瑞典的環保運動家格蕾塔‧童貝里（Greta Thunberg）。

童貝里在2009年秋天舉行的聯合國氣候行動峰會上發表主題為《How dare you？》（你們怎麼敢？），是帶有挑釁意味的演說。當時童貝里只有16歲，她在演說中大膽批評世界各國元首對氣候變化的應對不夠力，在社群平臺上引起巨大回響。

2003年出生於瑞典的童貝里，從15歲起就成為環境運動家和年輕的領導者，在國際舞臺上發揮巨大影響力。她督促政府應對氣候變化必須採取對策，每週五罷課，在瑞典國會前舉牌抗議。童貝里向瑞典政府提出要求，必須遵守巴黎氣候協定減少碳排量。她的抗議行動讓世界開始關注這個小女孩，並吸引了超過200萬名學生參與聯合抗議，支持她的理念。

童貝里出席第25屆聯合國氣候變遷大會時，拒絕乘坐碳排放量大的飛機，以太陽能遊艇和帆船從瑞典航行到葡萄牙里斯本。她的舉動讓全世界人民認識到氣候危機的嚴重性。截至2023年初，她的X（前推特）帳號（@GretaThunberg）已有560萬人追蹤；Instagram有1480萬名粉絲，可以說童貝里具備了全球影響力。2020年在瑞士達沃斯舉行的世界經濟論壇中，童貝里還與當時的美國總統川普針對氣候危機隔空交戰。童貝里以自己的觀點和主張努力讓社會朝更好的方向發展，具有積極的影響力，是新生代具代表性的翻轉者。

除了童貝里之外，還有許多青少年雖然年紀小，關心世界問題的程度卻不輸給各國領導人，並為解決問題創設組織或積極進行各種社會活動。在後面將介紹在SDGs相關領域令人印象深刻，具有影響力的5名青少年的事蹟。

有些父母可能會想「我的孩子能夠成為像他們那樣的全球領導者嗎？那些事蹟應該只是少數具有特別才能的特殊案例吧」。我想對有這樣懷疑的父母們說，為人父母要做的事，就是在一旁觀察孩

子關注什麼,守護小小的火苗,以期在將來發光發熱。每個孩子都具有無限可能,父母要相信他們的發展性。有父母在身邊像影子守護並給予力量,孩子就不會墨守成規,而是走上自主學習和變化的道路。

吉坦賈利・拉奧（Gitanjali Rao） 2005年出生的吉坦扎利・拉奧是美國年輕科學家和發明家,她發現世界上有很多人無法得到乾淨的水,於是開發出可以探知水中含鉛量多寡的檢測裝置「忒提斯」（Tethys）。她曾表示,能夠透過科學和技術對社會產生影響,全是因為家人全力支持和鼓勵她的熱情與好奇心。拉奧說:「只要我做得到,任何人都能做到!」強調運用技術和科學對社會的重要性。	
米凱拉・烏梅爾（Mikaila Ulmer） 2004年出生的米凱拉・烏梅爾是一名年輕的企業家。她從在小攤子上賣檸檬水開始,開發出自己的品牌「BeeSweet Lemonade」,在成功拓展業務後,將部分收益挹注於保護蜜蜂生態。其實烏梅爾小時候曾被蜜蜂螫傷,但這個經驗卻成為她致力於保護蜜蜂的契機,當然家人的鼓勵也是她最大的動力。她也鼓勵大家「像孩子一樣夢想」,而她的故事證明了個人的熱情也能轉化為對社會有貢獻的事業。	

萊恩・希克曼（Ryan Hickman）

2009年出生的萊恩・希克曼三歲就懂得資源回收，七歲時已是回收50多萬個易開罐和瓶子的「環保小英雄」。這一切源自於他跟著父親到資源回收中心參觀開始，讓他感受到環境污染問題的嚴重性，特別是塑膠廢棄物處理的問題。他還成立了自己的公司，就叫「Ryan's Recycling Company」。萊恩說，「所有人都能創造變化」，他的故事正說明了父母的參與，可以幫助孩子取得卓越的成就。

海爾・托馬斯（Haile Thomas）

2000年出生的海爾・托馬斯是美國最年輕的營養保健教練和廚師。她為了家人的健康，發現應該從改變生活方式開始。後來又進一步擴大幫助年輕人養成健康習慣，展開名為「HAPPY」的計畫。也因此了解在一些低收入家庭中的青少年，普遍營養失衡還有肥胖問題，於是她又創立了「The HAPPY Org」非營利組織，為兒童、青少年提供健康的飲食習慣教育，並舉辦各種活動提供更好的食物給孩子們。

第三章　現在我們需要的人才　111

祖里爾・奧杜沃爾（Zuriel Oduwole）

2002年出生的祖里爾・奧杜沃萊為了幫助非洲女性獲得更多的教育機會，鼓吹性別平等，製作了相關的電影和紀錄片。「教育不只是通往機會的道路，也是權利」，祖里爾的行動強調了青少年若想改變什麼，就應該勇敢展現自己的想法。

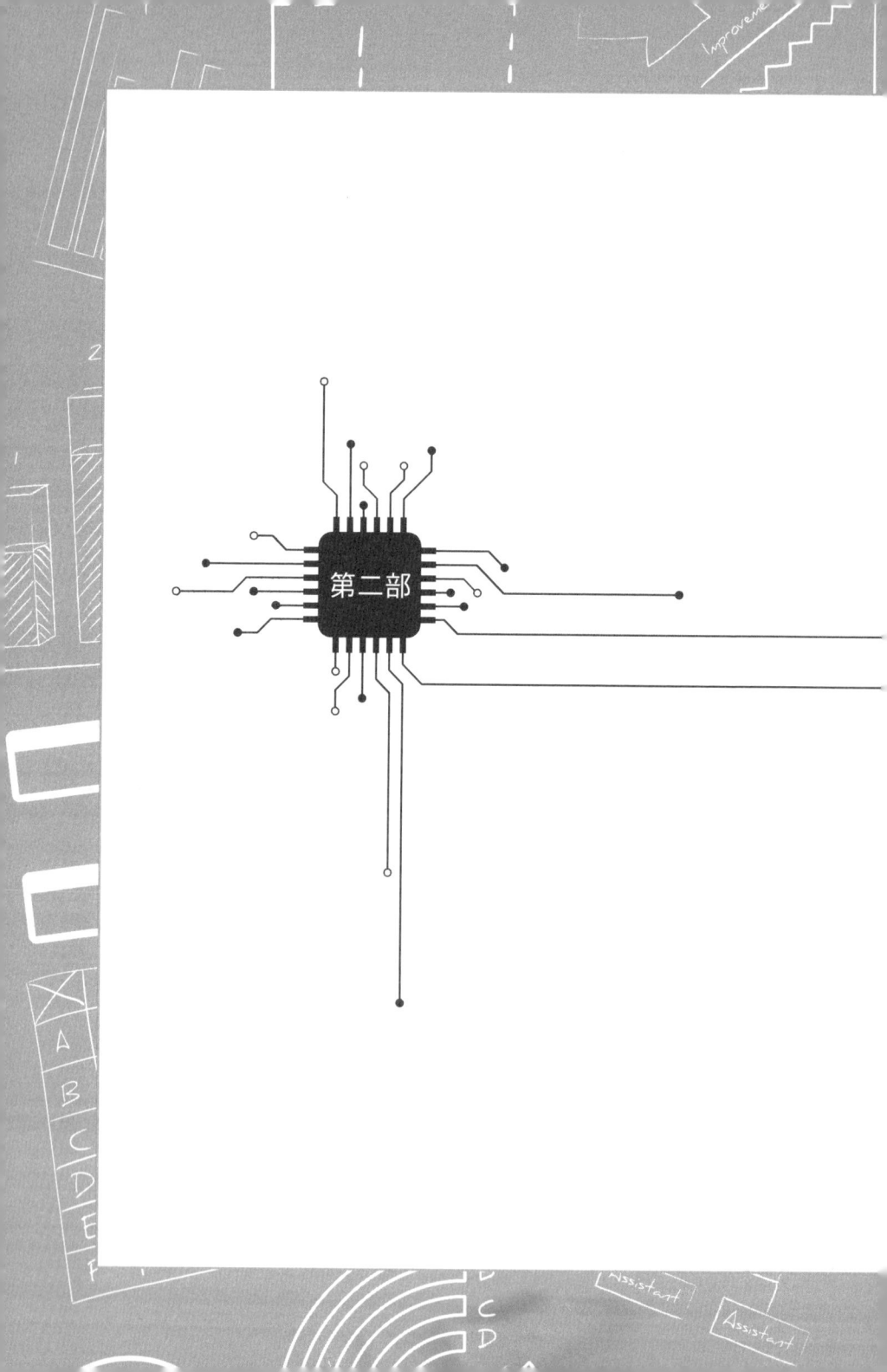

培養孩子成為未來人才的課程

在第一部中介紹了未來所需要的人才,那為人父母應該怎麼做,才能培養孩子成為未來的人才?最簡單的方法就是多問問周圍的人,但是用這種方法實際上很難得到適合孩子的資訊,因為每個孩子所處的情況和環境都不同,而且孩子與父母的性格也家家不同。因此,不能將別人家的成功方式照單全收用在自己孩子身上。如果與他人交流的機會較少,可以多利用網路搜尋資訊,甚至可以詢問 ChatGPT。不過以大數據為基礎的答案也並非完全適合,那也只是收集、整理過後的訊息。

美國有句俗話説,「死亡和稅賦是人生無法避免的兩件事」,不過我認為應該再增加一個,就是永續發展危機。目前在世界各地因戰亂、貧富差距等經濟問題,還有如極端氣候的環境問題而飽受煎熬。雖然人類透過經濟發展和科技的進步,生活便利並提高各種生產量,但由此引發的問題也同時到了威脅人類生存的地步。一項針對數百名小學生做的調查結果顯示,超過 3/4 的學生對未來表示「非常擔心」。而令人遺憾的是,這些孩子必須解決由我們這一代和前人所製造的問題。而現在要培養的未來型人才,就是能夠探索找出解決全球問題的人。

要解決問題，必須先面對現實，接受今日呈現在我們面前的結果，也就是說我們的生活將與 AI 脫不了關係。這也意味著未來教育的重點不能少了 AI。不過現在有很多學校擔心發生剽竊問題，因此禁止學生使用像 ChatGPT 之類的 AI 工具學習或寫作業。

但我認為，會有這樣的規定，事實上是因為連教育者也不知道如何運用這種技術，所以乾脆禁止。時代不一樣了，這類革新技術對孩子的教育有什麼幫助還有待觀察。但可以確定的是，能善用這類技術的人和企業才能生存的時代已經到來。

第二部主要介紹培養未來型人才的課程，包括過去 20 年來我在全球教育最前線的經驗，以及身為未來教育專家和 3 個兒子的父親所累積的體悟。當然，絕不是要讀者 100％照我的經驗如法泡製，正如前面所說，每個人、每個家庭都是不一樣的存在。不過作為一個教育專家，我希望我的經驗能給那些想培養子女成為未來型人才，但不知道具體方法的父母帶來一些提示和指引。

第四章

培養翻轉者的
5種方法

未來教育的起點是佈置一張不一樣的桌子

　　國外的革新型學校透過什麼方式培養孩子成為無法取代的人才？重點之一是要了解，並不一定要以海外留學為目標。如果能知道引領全球教育趨勢的美國頂尖大學如何培養孩子的軟實力、在課程設計上有什麼與眾不同的地方，就可以從中得到提示，幫助孩子做好準備，應對未來的巨大變化。

　　從事教育相關產業這麼多年，我發現很多家長都誤解了一件事，他們都認為只要孩子在學校和老師建立良好關係，對老師好，就會有諸多好處。這種想法一半是對的、一半是錯的。得到老師的肯定很重要，但還有更重要的，就是與同儕的溝通和合作。理由很簡單，因為將來孩子步入社會後，比起父母師長，更需要與身邊的朋友、同事互相理解和溝通。

孩子在學習階段,如果能學會傾聽同儕的想法、了解對方為什麼會這麼想,就能進一步發展出與人協商、合作的理解力。在學齡期間培養良好的溝通能力和合作的精神,會成為孩子成年後在自己的領域創造卓越成就的基石。

新冠疫情肆虐全球的時期,我曾因個人因素在韓國停留過一段時間。當時大兒子也回到韓國唸小學。我在送孩子上學時觀察到學校的教室,與我在美國看到的大不相同。在韓國的小學,老師的桌子是中心,好讓學生們的眼睛時時都能看到老師。但在美國小學,孩子的桌子才是中心,到了中學也一樣,在教室裡,孩子可以面對面交流討論。我認為這種做法才是理想未來教育的起點,也是打造翻轉者的第一步。

其實美國一直到 20 世紀初期,也依舊是老師站在最前面講課,數十名學生排排坐聽講,師生之間、同學之間都隔著一定的距離。後來是美國石油大亨,同時也是慈善家的愛德華・哈克尼斯(Edward Stephen Harkness)打破了這種傳統的授課方式。

1930 年代,哈克尼斯捐贈大筆資金給美國著名私立寄宿學校菲利普斯艾希特學院(Phillips Exeter Academy),但附帶一個條件,就是學校必須革新現有的教育方式。對於哈克尼斯的提議,校長及教職員都感到意外。他們經過長時間的討論,最終研究出在當時算是具突破性的授課方式。補充說明,菲利普斯艾希特學院歷史悠久,畢業校友有擔任美國總統、國務卿等重要人物,還有許多企業家,包括祖克柏在內,是美國最具代表性的名門私立學校。

當時他們推出的革新授課方式,就是今日所稱的「哈克尼斯圓桌」(Harkness Table)。以學生為主體,圍坐在一張大圓桌上,彼此面對面可以自由發表自己的想法,互相傾聽並討論,老師則在一旁輔助。這種授課方式又被稱為「哈克尼斯教學法」(Harkness Methood)。

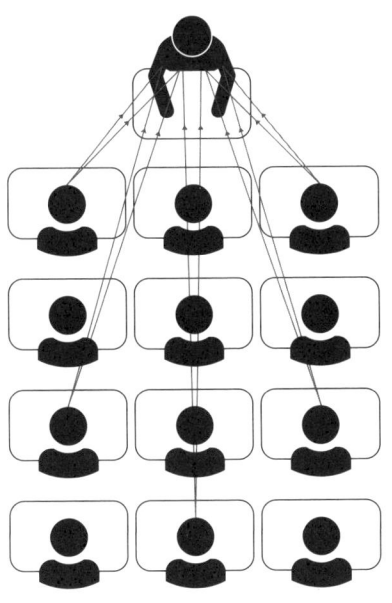

▲ 傳統授課方式

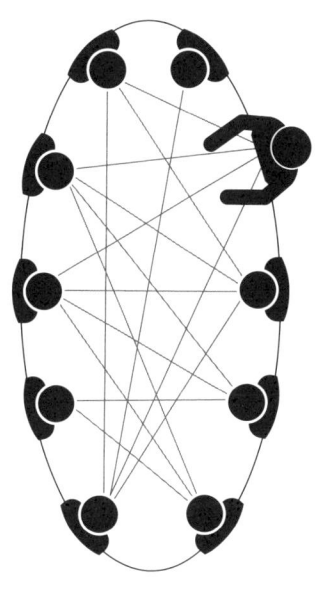

▲ 哈克尼斯教學法

哈克尼斯方法的核心是參與討論的人無論坐哪個位置，都能看到彼此的面孔。這代表教育並不是單方面學習一個人的觀點（這個人通常是老師），而是向所有人學習。在這樣的結構下，所有在場學生都必須積極參與討論。藉由討論的過程，自然而然就能訓練培養有條理地表達自己意見、傾聽他人想法的能力，進而合作解決問題，也就是前面提到過的未來人才應具備的 6C 素養。哈克尼斯教學法經證明，確實是培養創意性人才的卓越教育方法。後來也被哈佛大學採用，並擴展到全球成為革新教育的代表。現在美國許多私立學校都引進哈克尼斯教學法進行授課。

　　想像一下，在重要的會議或發表場合，我們的孩子能否與其他國家的人並肩而坐？能不能毫不畏懼侃侃而談自己的想法？遇到與自己意見相左的人，能夠充分說服對方嗎？如果答案是肯定的，那麼無論今後世界如何變化，都可以不用太擔心孩子的未來。只是回到現實生活中，或許很多父母都認為沒那麼容易，感覺是個遙不可及的夢想。

　　但我們要相信每個孩子都存在各種可能性，而教育就是將潛藏於孩子內在的可能性開發出來的過程。即使是習慣於灌輸式教育、競爭環境的孩子，只要坐在哈克尼斯圓桌旁，就能學會與他人面對面溝通，透過對話理解對方，產生共鳴，並以這種理解力和共鳴能力為基礎說服對方。

　　哈克尼斯教學法要發揮良好效果有一個前提，就是讓不同想法的孩子一起坐在同一張桌子上。我認為甚至可以是來自不同背景、不同國籍的孩子，讓他們面對面交流。不過這在韓國要實行有難度，

即使是就讀國際學校的孩子，大部份仍以韓國人為主。海外旅行是讓孩子體驗其他國家文化和生活的好機會，但如果無法貼近當地人的日常生活，那麼在教育上的刺激也有限。有人會送孩子出國當小留學生，可以提早認識不同國籍、文化的人，培養全球化視野，但缺點是成本太高，孩子年紀太小也可能會帶來其他問題。因此我提出一種折衷方案，就是可以利用寒暑假，參加國內外舉行的營隊活動。若無法參加海外的營隊，現在也有一些透過網路進行國際夏令營活動可以達到同樣的效果。

由伊隆‧馬斯克（Elon Musk）設立的私人太空企業 SpaceX 出身的專家，創建了名為「Synthesis」的網站就是代表性的例子。只要登錄網站，就可以與不同國家的學生一起在線上藉由遊戲和電腦技術，共同討論尋找解決問題的方法。

■ Synthesis 網站

台灣 https://www.synthesis.com/teams

另外也推薦美國線上英語教學虛擬平臺「Outschool」。只要登錄網站，就可以與來自 183 個國家、超過 100 萬名學生一起上課，有超過 10 萬個不同的線上課程提供選擇。雖然名為英語教學平臺，

不過除了單純學習英語，更建議可以藉由這個平臺與全世界的同齡孩子嘗試用英語溝通，還可以參加社團活動，擴大學習有興趣或關注的各種主題。

■ Outschool 網站

台灣 https://info.outschool.com/outschool-taiwan

無論使用什麼方式，重要的是讓孩子能與在不同環境出生、成長、擁有不同想法的同儕有更多交流的機會，讓孩子坐在不同的位置擁有不同的視野，我相信這就是未來教育的起點。

團隊：不合作無法成為翻轉者

　　美國的私立學校大致可分為三種，第一是透過捐款和學雜費鞏固財務，維持營運；第二種是包括課程在內的整體毫無變化就無法再繼續營運的學校；最後一種是很快就要關門的學校。

　　屬於第一種類型的學校大多是著名的私立寄宿學校，例如菲利普斯艾希特學院、聖保羅學校（St. Paul's School）、迪爾菲爾德學院（Deerfield Academy）、格羅頓學校（Groton School）、羅倫斯威爾學校（Lavrenceville School）、喬特羅斯瑪莉中學（Choate Rosemary Hall）、米爾頓學院（Milton Academy）、密德爾塞克斯中學（Middlesex School）、塔夫特中學（Taft School）、盧米斯查菲學校（Loomis Chaffee School）等，在韓國留學生社群中也廣為人知，基本上在美國寄宿學校排名前 20 的學校都屬於這一類。

第四章　培養翻轉者的 5 種方法　127

這些學校大部分都設立規模至少上千萬美元，多則上億美元的捐款基金，運用捐款基金獲得的收益作為學校營運、學生獎學金等用途。位於紐約曼哈頓的頂級日間學校（Day School，非寄宿學校，學生白天到校接受教育，放學則各自返家）的情況也像前面所提到的私立寄宿學校一樣，財務非常穩固。財務的穩固會延續到課程規劃，由於無需煩惱錢的問題，就可以用心規劃優質課程。因此，這些學校的入學門檻很高，然而不管學費再貴，每年還是有許多人擠破頭想進去。

　　不過上述狀況在美國全境的私立學校中只占一小部分，大部分私立學校屬於第二類，也就是課程沒有任何革新，而隨著物價上升學費也飆漲的情況下，會越來越難生存。因為學生繳了昂貴的學費，卻得不到等值的優質教育，那又有什麼理由非得進這所學校不可呢？因此，近來在美國近百所私立學校陸續中斷營運。

新冠疫情大流行，將危機變成轉機克服困境的學校

　　我曾任教的波特女子中學也屬於第二類。波特女子中學不管在美國或韓國，都是很知名的傳統私立寄宿學校。當年我負責帶領該校的課程委員會，就是要進行革新教育，然而卻遇到意想不到的變化，就是在 2020 年初開始蔓延全球的新冠疫情。2020 年 3 月，美國宣布進入緊急狀態，境內學校全都改成線上授課。當時因為對疫情的應變對策不足，讓一向是世界霸權強國的美國蒙上一層陰影。

由於擔心繼續留在美國會對孩子的健康產生不良影響，於是我決定帶著家人暫時回到韓國。

新冠疫情爆發時，我正在波特女子中學任教，原本所有學生都住宿，因為疫情關係只得回家，轉眼間學校裡一個學生也沒有。不久後，所有課程都轉為線上授課，所以我帶著家人回到韓國，也還是可以上課。回到韓國之後，我透過網路遠端授課，當時上小學二年級的兒子也在家上線上課程。在沒有預料的情況上，跨越國界的線上學習（Online Learning）時代就這樣突然拉開序幕。

當初我之所以到哥倫比亞大學攻讀教育工學，就是預測未來可能會有需要的一天。但是，利用發展迅速的技術學習設計培養未來型人才教育課程的我，也完全沒有想到全世界會在一瞬間發生如此劇變。剛開始，我也因為突然的變化而不知所措，但很快就冷靜下來，轉念一想「這種意想不到的危機可能是革新的轉機」。既然之前學的理論現已成為現實，我也產生了欲望，終於有機會嘗試夢想的課程了。

波特女子中學在疫情爆發之前，就一直積極與與全球各地的姐妹校進行交流。在過去幾年，所有的 11 年級學生（相當於韓國高中 2 年級）都有機會到全球各地的姐妹校進行為期二週的交流學習，體驗不同國家的文化。2020 年 1 月，在新冠疫情擴散之前，學校正進行一週在西班牙、一週在韓國的姐妹校交流學習，當時我也參加了活動，後來根據當時獲得的經驗和資源，在新冠疫情期間規劃了線上的「全球研討會」（Global Seminar Series）。

這個線上活動為期一個月，首先會決定一個主題，由專家學者組成教學小組授課，學生在接下來四週時間進行線上學習，在上課時若有疑問也可以隨時提問。在最後一週，學生要從當今全球面臨的各種問題中，選擇一個與學習主題有關的問題，並製作一份解決問題的樣版（Prototype，產品製作過程中，初步製作為測試用的物品或服務）。這個線上研討會吸引了來自美國、中國、日本、越南、英國、印度、加拿大、墨西哥、西班牙、肯亞、南非、韓國等國，共 100 多名學生參與。透過「Zoom」這個遠距交流服務平臺，學生與老師突破了時空的限制，一同交流、學習新知。

　　這個線上研討會第一個討論的主題就是「全球大流行」（pandemic）」。當時人們對新冠病毒所知甚少，大家都是第一次面對這樣嚴峻的疫情，因此在第一週，邀請了醫師、藥劑師、研究人員等組成教學小組，分別說明關於冠狀病毒和全球大流行的知識。透過課程，學生了解到過去人類經歷過的疫情，以及今日面對的新型冠狀病毒這個全球性的傳染病大流行的原因。來自世界各地的學生也把握機會紛紛提問。

　　第二週則加入了技術方面的專家。學生在課堂上與專家一起討論，可以確認確診患者的移動軌跡和接觸訊息的「接觸者追蹤」（Contact Tracing）程式，在開發和使用上的可能性，以及還有什麼技術可以解決新冠肺炎大流行引發的問題。另外由於疫情，商業交易從實體轉為網路，學生也針對此現象進行討論，思考如何活用活躍的網路市場。

到了第三週,則邀請在跨國企業和各國政府擔任政策制定的專家來授課,並一同討論各國的公民營機構如何應對新冠病毒大流行的問題。最後一週則進行「黑客松」(Hackathon)。Hackation 是由「Hacking」和「Marathon」組合而成的新造詞,是指在有限的時間內由企劃者、開發者、設計師等組成團隊,一同思考解決問題的方法。當時提出的問題是「疫情時代需要什麼解決方案?」

像這樣在三周的時間由各領域的專家授課、討論,最後一週再以所學為基礎運用設計思維(關於「設計思維」將在後面詳細說明)找出最佳解決方案,這些過程全都是非面對面,但結果令人驚豔。透過 Zoom 進行線上學習的學生,就像坐在哈克尼斯桌前討論一樣,時而有條有理、時而熱情洋溢地發表自己的想法,同時也集中傾聽別人的意見,在疫情大流行期間創造出一個又一個豐富多樣化的創意。

團隊合作的過程也令人印象深刻。雖然無法面對面,但因為仍在學期中,學生們分組組成團隊,合力完成黑客松的課題。除了上課時間,還必須另外抽出時間進行小組討論。因此學生在週末也會各自相約,進行線上小組討論,分享各自的想法。團隊成員來自各國,因為時差問題,有人得晚點睡,有人得早點起床,彼此互相配合忍受一些不便以順利進行討論。像這樣互相配合協調的過程,我認為從廣義上來看也是培養軟實力教育的一環。在課程的最後,各組必須在專家學者面前展現所學,發表團隊討論後的解決方案,取得專家學者的認同。同時專家學者也會給予評價和回饋。

透過全球研討會，證明了不需要面對面也可以充分培養合作、溝通、內容、批判性思考、創造力、自信等未來應具備的 6C 素養，以及全球敏銳度、領導能力、毅力、解決問題的能力等。全球研討會第一次進行就取得成功，也因此成為常態性的線上學習課程，後來每年都會配合時事以不同主題進行。例如在美國大選前以「民主主義」為主題，也曾針對現代人生活中不可或缺的「社群媒體」，討論對人們的影響、如何正當使用及倫理問題。

團隊計劃改變孩子的未來

根據我之前的經驗，韓國的家長和學生對於團隊合作的經驗普遍不重視。但如果缺乏這方面的經驗，對成為未來型人才會造成負面影響。我在美國私立名校遇到過很多在韓國被稱為「精英」的留學生，托福分數滿分、SAT 成績亮眼，但這些學生卻有個讓人意想不到的共同點，就是團體計劃做得很好，但團隊計劃的執行能力卻是零。

團體計劃和團隊計劃乍聽之下像是一樣的，但實際上存在一點點差異。首先，團體計劃和團隊計劃都不是個人，而是必須和別人一起執行的課題，這點是一樣的，差異的部分在於與其他成員的相互作用。如果需要完成的目標是 100，在團體計劃中就由所有成員分擔，個人負責完成各自的工作即可。例如成員一負責 30、成員二負責 30、成員三和四則負責剩餘的 40，最後再一起合起來。在團

體計劃中,對成績特別敏感、重視的亞洲學生,會習慣做得更多,以為自己爭取更好的評價。由於像這樣特定學生的付出,使得團體取得了不錯的成績。但如果細問是否是成員合作通力完成的,相信很難回答「是」,因為在執行過程中,很容易出現想搭便車,隨隨便便的做,只想分一杯羹的學生。

相反地,團隊計劃並非明確地分配給每個成員工作,成員之間的溝通合作才是計劃成功的重要因素。舉例來說,團隊計劃是模擬創業,從創意共享、市場調查、事業規劃、戰略制定、發表成果等每個階段都必須所有成員發揮合作精神,否則很難取得好的結果。團隊計劃的主題,都是必須透過共同討論才能得到結論,韓國留學生不熟悉討論文化,因此在團隊計劃中常會覺得困難、不知所措。我見到的很多韓國學生雖然很擅長描述學到、聽到的故事,但要他們提出新的想法或對現存的觀點提出質疑時,常常是閉口不談。當然,努力做好自己分內的工作是很重要的品德和能力,不過如果能將同樣的熱情也用在其他地方,未來就會有更多可能性。

如果加入 AI,在集團計劃中,AI 的執行能力已經超越人類了。但是不管再怎麼先進的 AI,以目前來說,仍無法靠自己的能力進行判斷及合作,因為機器不會知道共存和共生的價值,只有生命體才有合作的能力。希望家長們不要忘了,若希望孩子成為未來的生存者、帶來新變化的翻轉者,就必須具備「合作」的能力。

設計思維：
引領革新的卓越思考法

近來在美國前幾名的大學創新教育課程中，有一點令人矚目，就是對「設計思維」（Design Thinking）的重視。設計思維是一種「創意思考」，強調以人為本的解決問題方法論，以革新、創意的方法解決複雜的問題。現在無論是什麼類型的產品都非常重視「使用者經驗」（User Experience, UX）。比起單純地讓使用者購買產品或服務，使用者在用過產品或服務後若能有正面的體驗和感受，不僅可以提高產品或服務的好感度和可信度，從長遠來看，還會提高使用者對品牌的忠誠度。

考量使用者經驗，以設計思維呈現的服務，可以提高便利性、增加公司收益，代表性的例子就是「一鍵下單」（1-click ordering）。現在許多線上購物網站都普遍使用這個功能，就是允許系統儲存消費者的信用卡和地址等資訊，日後只要點擊一次就可以輕鬆完成購買流程。這項服務是由亞馬遜率先實施，並取得專利。

如果結帳過程複雜，消費者可能會在這個過程中放棄購買。但是亞馬遜透過簡化結帳過程的服務，不僅防止消費者中途取消購物，還增加了便利性。這個服務建構可以輕鬆簡單的網路購物生態。

現在「設計思維」是包括谷歌、蘋果在內，各種不同領域的企業最重視的創新方法論。

新想法誕生的階段

設計思維的過程如下圖所示，大致可分為 5 個階段。

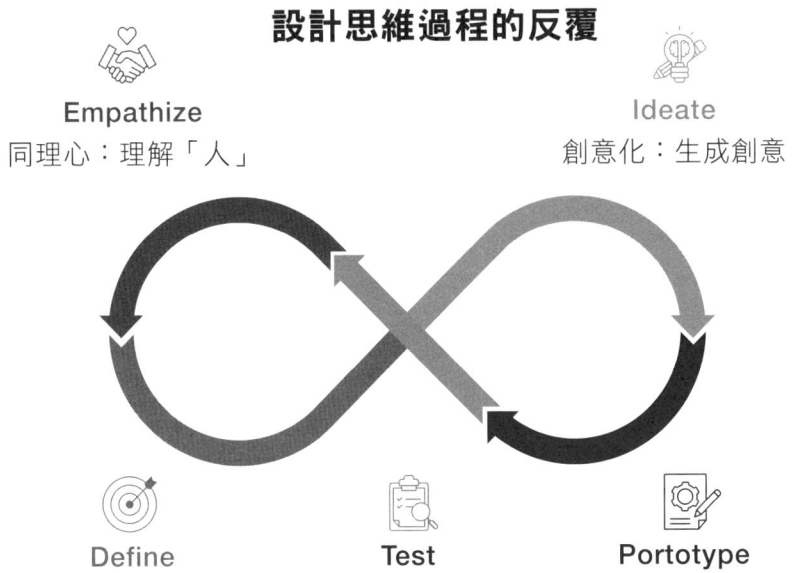

設計思維過程的反覆

Empathize
同理心：理解「人」

Ideate
創意化：生成創意

Define
定義：把握問題

Test
測試：改善產品

Portotype
原型：製作及實驗

第一階段「同理心」（Empathize）是設計思維過程中最重要的一環，從同理對象的問題狀況或處境來著眼。若想製造出對某人必須的產品或服務，就要能理解對方的處境，否則只會停留在自我滿足上。

今天我們享受的諸多便利產品和服務、技術，都是根據人類的需求開發並發展的。現在我們一步步邁入 AI 時代，歸根究底，也是因為人類想要擁有那樣的技術。從這個觀點出發，可以說世界上存在的所有技術都是「以人為本的設計」。所以從同理心這一點來看，設計思維是人類獨有，AI 無法取代的思考方式。

設計思維的第二個階段是「定義」（Define）。如果對問題情況產生同理心，接下來就進入「因為這些問題所以需要什麼」的定義階段。也就是說，這是以同理心為基礎，為解決問題定義需要什麼方法的過程。

第三個階段是「創意化」（Ideate）。在這個階段會提出各種能夠解決問題的想法，比起想法的質量，更重要的是想法的數量。簡單地說，就是天馬行空地想，點子越多越好。不必要求多完美或有沒有可行性，只要盡可能丟出各種想法就好。在這個階段如果很多人一起腦力激盪，可以產生更大的協同效應。因為除了各自的想法，還可以與他人組合起來，又能創造出另一種想法。

第四個階段是「原型」（Prototype）。這是從上個階段的創意中選擇可以具體呈現的想法，初步先製作一個樣品的過程。在製作原型時，盡量將花費最小化，例如可以利用可回收的材料。若是製作餐點，則可用身邊容易取得、價格便宜的食材來製作。

最後一個階段是「測試」(Test)。就是將上個階段製成的原型提供給使用者試用，接受評價。這裡的評價包括正面和負面，其中負面評價可以幫助進一步修改產品或服務不夠完善的部分，因此會比正面評價重要。要發揮創意思維，必定會經歷「為什麼」(Why)的過程。測試時收到的負面評價會讓人思考「為什麼會收到這種評價？」、「有什麼地方是必須修改的？」，推動人們尋找更好的解決方法，然後回到第一階段，再次挑戰。如此重覆，那麼缺失或需要改善的地方會越來越少，最後得到的就是可以向世人介紹的優質產品或服務。

如何培養回答「為什麼」的能力

　　我認為設計思維的核心在回答「為什麼」的能力，但這種能力並非一朝一夕就能養成。那麼，應該如何培養呢？我覺得最好的方式就是在日常生活中進行。不必拘泥於「學習」、「教學」，不管是在吃飯時或日常的任何時候，只要有機會就可以嘗試進行對話。要留意的是對話主題最好是「沒有正確答案的開放性主題」，這樣才能刺激孩子獨立思考，找出「為什麼」的答案。

　　「電車難題」(Trolley Dilemma)是很適合進行這種對話主題之一。這是倫理學的一個思想實驗，為了救出五個人（多數），是否可以犧牲一個人（少數）？

假設有一列行駛中的電車剎車失靈了,而在前方鐵軌上躺著五個人,如果電車不停下來,就會把那五個人輾斃。不過在前方鐵軌旁有一根操縱桿,只要拉動就可以變換軌道,但問題是在另一個軌道上也躺了一個人,若要救那五個人,那麼這一個人就會被輾斃。你會怎麼做呢?

這個問題真的很難回答。或許有人認為這個問題根本就不實際,在日常生活中不會發生。但想想現在,AI 已經能夠以人類之前累積的大數據作為基礎進行學習,在人類做出的決定中扮演重要角色,或甚至是幫人類做決定。無人自動駕駛汽車就是最具代表性的例子,可說是已經到了機器能夠決定人類生死這種重大問題的時代了。舉例來說,在發生交通事故之前,AI 演算法必須決定要保住司機、行人還是其他車輛的乘客。因此像「電車難題」這類倫理思想實驗中,人類的答案就會成為 AI 學習的基礎。而回過頭來看,為 AI

利用演算法進行「倫理決定」提供數據的主體終究還是人類。也就是說，未來廣泛運用 AI 的人類，應該懷著倫理感受性對「為什麼要做出這個選擇」這個問題予以正確的判斷。

以下分享一些適合與孩子一起培養倫理感受性的討論主題。

■ 個人資訊 vs 公共安全

在數位時代，維護個人隱私和確保公共安全之間應該如何平衡？例如，為了預防犯罪，政府機構是否可以隨意查看個人資訊？

■ 人工智慧倫理

隨著人工智慧科技的發展，AI 也深入到我們的日常生活。但 AI 是否可以在醫療或法律方面做出對人類生活有重大影響的決定？

■ 極端氣候變化的責任

氣候出現極端變化，與全體人類都有關，但個人、政府和企業誰應該承擔比較多責任？為解決極端氣候問題，資源又應該如何分配？

- **遺傳工程**

在使用生物科技操縱有機體的基因組成時，有什麼是倫理上要考慮的？可以討論為了設計嬰兒、疾病預防進行的基因編輯、基因的不平等這些問題。

- **動物權與實驗**

將動物用於研究、食品、服裝生產原料和娛樂是否妥當？人類對其他生命體的道德義務是什麼？

- **社群媒體與網路霸凌**

社群媒體對個人和社會倫理有哪些影響？包含侵犯隱私、錯誤資訊的擴散、網路霸凌等倫理問題都值得思考。

- **資源分配與貧困**

資源（食品、水、醫療服務等）在全球是如何分配的？資源分配不平均和貧困的原因是什麼？有什麼辦法可以解決？

■ 無人自駕車

當不可避免的事故發生時,無人自駕車要如何才能做出最好的決定?可以討論一下無人自駕車的倫理程式設計。

未來型的人才,在面對這類沒有正確答案的開放式問題,會有自己的主張,並拿出根據明確地表達。設計思維就是培養這種能力最好的方法。

遊戲系統：為孩子內心注入強大動力的工具

我在曼哈頓經營教學中心時，曾有一位韓國家長前來找我。他上國一的兒子不肯學習，只沉迷於遊戲，讓家長很苦惱。為了幫孩子提高成績，家長認為應該要進行課外輔導，所以才來找我。這個學生成績最差、最不喜歡的科目是數學。因為美國社會普遍認為亞洲學生的數學都很好，因為這種偏見，讓數學成績本來就不好的學生，對數學更是一點興趣也沒有。

我認為與其強逼這個學生專注在他不擅長的方面，不如讓他盡情的做自己喜歡且擅長的事。我向家長建議，可以讓孩子參加設計遊戲的夏令營。結果證明這個方法是有效的。孩子在夏令營活動期間全神專注於設計遊戲，後來還立定志向，希望未來可以成為遊戲設計師或遊戲開發者。他問我：「老師，如果要開發遊戲，應該要先學好數學，對吧？」我說：「當然。想成為遊戲設計師或遊戲開發者，必須懂得運用 3D 設計，要會使用遊戲引擎，而這些都需要有

穩固的數學基礎和寫程式的能力。」從此以後，這個學生一反常態開始用功學習，後來數學甚至拿到 A 的成績。

遊戲，只要玩得好，就有驚人的教育效果

以上的例子，關鍵並不是後來用功學數學、拿到好成績。是這個孩子自己發現了真正有興趣並全心投入的事（設計遊戲），有了自己的目標，並從中意識到要達到目標就需要好好學習數學、並堅持不懈的努力。另外還有一點，就是這個孩子從原本的消費者，後來轉變成了生產者。

大多數的大人對「遊戲」都有著負面的印象。在上述例子中的家長，就是認為因為孩子沉迷遊戲所以功課才會不好。當然，過度沉迷的確會造成問題，但如果能好好利用遊戲的機制，將會是培養孩子建立勇於挑戰的態度和正面思考能力的最佳工具。

在遊戲的世界裡，可以盡情地練習、挑戰，同時可以從遊戲中切身掌握為什麼無法過關、為什麼會輸的原因。像由微軟開發的《Minecraft》這款遊戲，玩家可以在遊戲中直接構思並創造自己想要的世界。如果完成指定任務，就會得到相對應的獎賞，這讓玩家有了更投入遊戲的動機，這也是讓孩子們沉迷於遊戲的原因。不僅如此，這類的 MMORPG（Massively Multiplayer Online Role-Playing Game），也就是「大型多人線上角色扮演遊戲」，可以培養孩子的合作能力、溝通能力、解決問題能力等。

我在哥倫比亞大學攻讀教育工學碩、博士時期，主要的研究主題也是這個。我長期研究如何透過遊戲學習和反覆的軟實力應用到包括學校在內的教育環境中。在本書的第一部提到過的「樂高課程」，就是研究後誕生的新教育方式。樂高課程的核心是「用周圍常見的材料，在遊戲中培養未來力量」。

　　這個課程以 4～10 歲的孩子為主，一同用樂高積木打造自己夢想的城市，以自己的想法設計城市的規範。在這個課程中，年齡不會成為障礙，幼稚園的幼童可以和小學三年級的孩子組成了一個團隊。當時獲得許多家長的好評，這個課程後來擴大到整個曼哈頓地區，成為韓僑小學和公立小學的課後活動之一。2023 年夏天，我更在韓國首爾、京畿道、濟州島等地舉辦了培養世界公民的國際夏令營，獲得許多很好的反應，感覺很有意義。

家庭也可以引進遊戲系統

　　「樂高課程」成效卓越、廣獲好評的原因很多，但我個人認為「趣味」是最主要的原因。不管什麼，只要有趣，孩子就會參與，差別只是時間早晚的問題。從孩子喜歡的遊戲來看，並非漂亮、華麗的圖像就會吸引孩子喜愛。比起孩子的年齡和認知理解能力，進行方式單純、簡單的遊戲，孩子反而很快就會不感興趣。

以「心流理論」（Flow Theory）而聞名的美國心理學家契克森米哈伊・米哈伊（Mihaly Csikszentmihalyi）就說，「若想要投入（集中）一件事，就必須嘗試把難度設定得比自己的能力再高一點。在過程中實力會不知不覺提高，然後再嘗試進行新的挑戰。」設計完善的遊戲，就是用這種方式來讓玩家難以脫離。

　　在我們家，圍繞在孩子身邊的環境是「遊戲化」的。例如，完成一項任務就可以獲得點數，累積到一定點數就可以換成零用錢或想要的東西。當然，並非只有點數機制，還有在遊戲中帶來樂趣的「隨機」（Random）要素，這也會給孩子帶來動力。在我們家，睡前有個「隨機抽選」（Random Drawing）的儀式。如果當天做到「尊重、不自私、盡力、負責任」，就可以用抽取點數。在點數盒裡有分別寫了5、10、25、50、100點的紙條，孩子完全不知道自己會抽到多少點數。透過這種方式，讓孩子有機會追加累積點數，就可以在週末獲得使用智慧型電子用品的時間，也可以算是一種投資。

　　在過去的幾年中，我就是用這樣的遊戲系統，對兩個兒子進行經濟教育，培養正確的態度。在日常生活中引入遊戲系統，孩子的參與度會提高，像作業或家務不再是討厭的事，而是有趣又有動力挑戰的任務。

　　要把遊戲帶入日常生活中，有一點不能忽略，就是內在動機和外在動機之間需保持均衡。如果只注重外在動機，當外在動機消失，孩子也就失去了興趣。有許多研究強調內在動機的重要性，但我認為，內在動機和外在動機的平衡更重要。像是對孩子說：「你做

得真好！」這種積極的回饋，就是賦予孩子外在動機。當然，以長遠來看，比起外在動機，跟隨自己內在的渴望，也就是內在動機，會更具有發展性。不過兩者的均衡與協調，對於達成目標絕對會有加成的助益，希望家長們能夠考量到這一點。

意志力：成為翻轉者的最後一片拼圖

聽過「直升機育兒」（Helicopter Parenting）嗎？這是指父母像直升機一樣在子女周圍盤旋，過度擔心、保護孩子。或許用「直升機媽媽」會更熟悉，但養育孩子不只是媽媽的事，所以直升機父母是比較貼切的形容。直升機父母對孩子生活的各方面都過度干預，執著於孩子的成功，擔心孩子的負面情緒或失敗，甚至會因此為孩子除清障礙。

但許多研究顯示，這樣的養育方式只會帶來更多的副作用。最嚴重的是，在這種養育方式下成長的孩子，對失敗或挫折的承受力明顯不足。其實孩子會經歷的「人生的失敗」大概就是沒有獲得理想的成績，或是考試考壞了。當然，站在孩子的立場，這些對他們來說已經是很嚴重的事，因為是自己現在面臨的困難。但是長大成人之後，在社會上會面臨更嚴重的挫折、苦惱和困境。也就是說，如果小時候沒有學習如何跨越失敗繼續前行，那麼等到長大以後，遇到更大的失敗或障礙當然就過不去了。

每個父母都希望孩子有出息,至少不能過得比父母還差。直升機父母也不希望自己的孩子成長為無法承受挫折的大人,但他們不了解方法,只是把自己的不安和擔心投射到孩子身上,不知不覺中就對孩子產生負面影響。錯誤的養育方式會讓孩子失去自律性、選擇意志、領導能力、毅力、勇於挑戰的心態以及累積非常重要的軟實力「意志力」(Grit)的機會。

什麼是意志力?

　　意志力是由美國賓州大學心理學教授安琪拉・達克沃斯(Angela Dutworth)提出,這對孩子來說是非常重要的素養,也是每個為人父母都必須知道的概念。達克沃斯在同名著作中將意志力定義為「追求長期目標的熱情與動力」。簡單地說,意志力就是即使遇到障礙也不屈服,堅持延續自己內心力量的能力。

　　值得關注的是,意志力超越了才能、智慧、環境,成為造就成功的原動力。也就是說,天生聰明,有特殊天賦固然是優勢,但如果真的想在某個領域取得成就和成功,首先還是需要懂得忍耐的能力,也可以說是一種韌性。如果沒有韌性,才能只不過是無法發揮的潛力而已。有了動機和努力,才能才會成為走向成功必需的技術。

　　必須記住的是,若想要培養意志力,就必須經歷失敗。唯有面對失敗,才能發揮復原力,再燃起鬥志。當然,並不是說為了培養

意志力，就故意讓孩子經歷失敗。應該是說，當孩子在成長過程中遭遇失敗時，應該引導孩子學習解決和克服錯誤的方法。

假設孩子在遊樂場和其他小朋友發生了爭執。這種狀況雖不算失敗，但對孩子來說確實是不好的狀況。當孩子面臨這樣不好的狀況，父母先不要急著介入，不要馬上就用大人的力量進行仲裁，應該讓孩子嘗試自己解決問題。教育的目標不只是唸好的學校、找到好的工作，而是要讓孩子學會如何好好規劃自己的人生，這才是教育最重要的目標。

從這個觀點來看，所謂的先修班、考前猜題等，本質上也是家長出於不希望孩子在課業方面落後別人的心態，因此動用自己的資源，幫孩子規劃準備。短期來看，孩子可以在考試中獲得高分；但站在未來教育的立場，上先修班、考前猜題，到底有多少價值？小時候凡事都有父母出面解決，那麼長大成人步入社會後，面對突如其來的變化，能否從容應對呢？未來的變化是絕對無法在先修班中學習到的。

人都會恐懼，怕自己做的不對，或是結果不好，怕會遭到指責，或者給他人造成傷害。因為事前的擔心和恐懼，讓人退縮畏懼不敢挑戰新事物。現代父母要做的，就是要培養孩子克服失敗恐懼的心靈力量，教導孩子冒險的價值，即使失敗也要用鼓勵代替責怪。

提倡失敗美德的跨國企業谷歌

前面也提到過,美國企業看待失敗的觀點並非全然負面。即便是全球一流企業,也並不是任何時候都能在市場上取得成功。在輝煌成就的背後,隱藏著無數次失敗和再次挑戰的歷史。最具代表性的例子就是谷歌眼鏡。

谷歌在 2012 年首次向全球擴增實境(AR)眼鏡的原型,到了 2014 年開始上市銷售。谷歌眼鏡是在右前方安裝顯示器和攝影鏡頭,可以像智慧型手機畫面一樣直接顯示訊息,透過語音命令與網路結合的一種「穿戴式電子設備」。谷歌眼鏡被 2012 年《時代》雜誌評選為「最佳發明」產品,可說是集新技術於大成的突破性產品。

雖然技術面受到讚賞,但谷歌眼鏡卻在上市後不到一年就光芒盡失。後來谷歌不得不宣布中斷谷歌眼鏡的製作,並迅速撤出市場。為什麼谷歌眼鏡會失敗?看看圖片,和孩子一起討論吧。

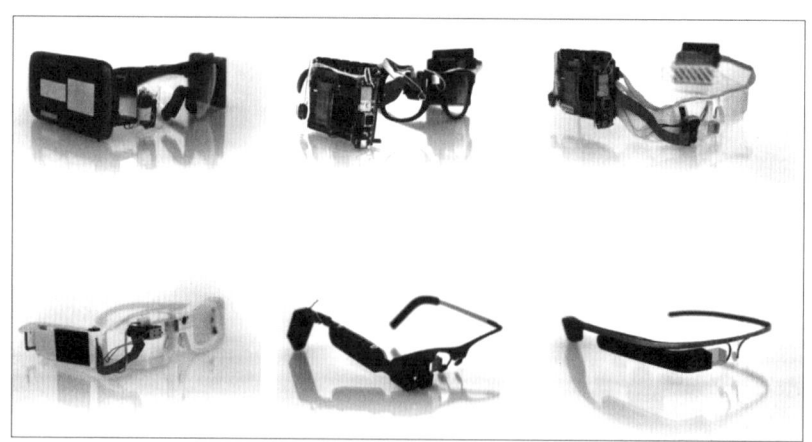

▲ 谷歌眼鏡

ⓒ Google

谷歌眼鏡失敗的原因有很多，我認為主要有四個。第一，在日常生活中佩戴顯得太大、太重、太礙事。第二，對人們來說，必須使用該產品的「理由」不明確。「擁有可以攝影，但螢幕非常小的眼鏡，可以做什麼呢？」、「有必要整天在眼前播放影片嗎？」針對這些問題都無法提供明確的答案。第三，價格昂貴。谷歌眼鏡一付售價超過1500美元，一般消費者根本買不下手。第四，道德倫理問題。因為用谷歌眼鏡攝影時不會發出聲音或閃光燈，很容易被不肖人士利用淪為非法偷拍的工具，侵犯個人隱私。另外，「看」是非常自發性、選擇性的行為，谷歌眼鏡強制將特定訊息顯示在使用者眼前「被看見」，會造成使用者極大的不便。在那個年代，擴增實境技術尚未像現在普及，谷歌以使用目的尚不明確的原型狀態推出產品，卻未能提出讓使用者能夠接受的操作方法和理由，因此產品黯然下架。

　　那麼，那些參與谷歌眼鏡開發的員工後來又怎麼樣了？八成會因為花了錢開發產品卻未能創造收益而被減薪，甚至解僱吧。但實際上谷歌高層對他們的處理方法令人驚訝。谷歌反而給開發谷歌眼鏡的小組員工們發放獎金、特准休假。谷歌也沒有為了扳回一城，投入更多的費用和時間，而是毅然決然中斷製作，這是很有智慧的判斷。公司這樣的做法，員工們也會受到鼓勵，不會因失敗而氣餒，想必會激起鬥志，分析失敗原因，更努力研究改善。

　　谷歌將失敗當作教材，轉換成刺激發展的契機。不只是谷歌眼鏡，凡是失敗的項目或創意，谷歌都會拿出來與員工分享，在年會上也會請該項目負責人說明失敗的過程。在這裡失敗不是污點，有時甚至會昇華成為一種藝術或幽默。

在重視創造性的企業裡，失敗的經驗有著很重要的作用。越是從失敗中奮發振作制定的戰略，就越沒有漏洞。谷歌徹底分析谷歌眼鏡的失敗，在穿戴式電子產品逐漸大眾化的過程中，繼續研究開發更實用的產品。由此可知，像谷歌這種已經具有全球影響力的大企業，也以意志力為基礎，不斷成長。

若想培養意志力，請記住五個重點

再回到教育，要培養孩子的意志力，應該怎麼做？以下就列出培養意志力的五大重點。

一、觀察孩子關心的事物

特別是在幼年期（10歲以前）找出孩子有興趣的事物，並創造讓孩子盡情投入的環境。不要用誘導孩子以「我以後要成為○○」的方式，侷限在一個框架裡。不如留心觀察孩子關心的領域，讓孩子多暴露在相關的資訊或環境中。不管是失敗還是成功，要想取得什麼結果，就要挑戰什麼。不管挑戰什麼，一定都會先具備熱情和關心，再加上好奇心，這就是學習的動力。因此，要幫助孩子在內心萌發「想做」、「想知道」的渴望。

以我們家為例，大兒子從小就對坦克和武器感興趣。我發現了之後，有機會便告訴孩子像第一、二次世界大戰的故事，讓他知道

戰爭在人類歷史上的意義。現在兒子已經小學 5 年級了，非常喜歡歷史。而我也除了書籍之外，藉由紀錄片、桌遊、參觀博物館等各種方式，持續刺激孩子的好奇心，滿足孩子的需求。

二、祝賀孩子的失敗

知道我們「人生最大的失敗」是什麼嗎？其實就是因為害怕失敗而什麼也做不了。前面也一再重覆，當我們看待失敗的觀點不同時，也就是將失敗視為擺脫安全地帶、挑戰新課題而獲得的自然結果時，就可以把失敗的經驗當作學習的養分，繼續向前邁進。透過失敗，我們可以退一步更客觀地看待結果。「失敗是學習和成長的寶貴機會」，所以如果孩子遭遇了失敗，就祝賀他吧。當然還是需要安慰，但不要忘了傳達「透過這次失敗，你會朝更好的方向飛躍」的訊息。

三、培養孩子的責任感

孩子在成長過程中為了完成賦予自己的課題，有時冒著危險和困難孤軍奮戰是必然的。例如學習樂器、為體育競賽練習，或是解決高難度的題目而努力時，父母的內心必然會想幫助孩子。但如果真的為孩子著想，就得壓抑這種衝動。因為孩子在這樣的過程中不僅可以獲得技術和學習知識，還能建立「自己份內的事自己完成」的責任感。就算結果未能達到原本的期望而受挫，父母也不要擔心或難過，應該對孩子的努力以及責任感給予鼓勵和肯定。

四、灌輸孩子挑戰精神

父母應該時時鼓勵孩子不放棄，堅持到底。重點在給予心理上的鼓勵和支持，但千萬不要自己直接動手幫孩子。

五、父母要有耐心

在孩子內心培養意志力，最終取得屬於自己的成功這種事並非一朝一夕就能達到。需要先有明確的目標，為實現目標不放棄的精神與韌性，一次又一次的嘗試。這段過程有時需要很長時間，如果孩子的個性屬於凡事不慌不忙或比較小心謹慎的更是如此。父母也不要著急，耐心等待孩子開出自己的花吧。父母要調整自己的節奏，配合孩子的速度。

在遊戲中若角色死亡、失敗了，還會有再次挑戰的機會。如果一直失敗，玩家可以「復盤」，好好檢視和分析過程，思考應該如何順利過關，然後再次挑戰。但為什麼在教育和生活上卻做不到呢？

近來許多美國的私立學校，開始對於成績不理想的學生，用其他方式進行替代性的補考。同時，評量學生能力的方式也不再只有考試，而是增加了像簡報、表演等更多元的方式。這些方式其實在家裡也適用。

假設給孩子一個任務,設計一款桌遊遊戲。孩子靠自己的努力用心設計好了,但實際玩起來卻不如預期的有趣。這時家長不要用「這種程度已經可以了,就這樣吧。」草草結束。可以和孩子一起思考問題出在哪裡、如何改善、再重新修正。要讓孩子嘗試以其他方式重新創造的體驗。或許對父母來說這麼做很麻煩,因為還有家事或公事要忙。但換個角度想,現在花一點時間承受一點點麻煩,鼓勵孩子再次挑戰,未來將會結出巨大的果實。再加上父母與孩子在一起的時光是無法逆轉的,更是要格外珍惜。當然再挑戰的結果或許還是不盡如人意,但即便如此,要做的事也只有一個,就是問:「這次是哪裡出了問題呢?」掌握問題可以給孩子帶來新的機會。像這樣經歷無數次試錯的過程,就是意志力的本質。

　　父母不可能一輩子幫孩子解決問題,孩子會成年,而父母也會老去。長大成人的孩子不該留在父母的羽翼下,他們應該走向不斷變化的世界,過屬於自己的生活。意志力的重要之處也在這裡。要成為能發揮自己內在的潛力,過有意義的生活,並且能對世界有所貢獻的人,擁有熱情和毅力,以及健全的心靈力量比什麼都重要,而意志力,就是成為翻轉者的最後一片拼圖。

第五章

在家也能輕鬆完成的
實戰 AI 課程

以人工智慧一同打造孩子的未來

最近在關於人工智慧的新技術中，最受關注的是像 ChatGPT 一樣的生成式 AI。生成式 AI 顧名思義就是以自己學習的現有數據為基礎「生成新內容」。谷歌的 Gemini、谷歌投資美國新創公司 Anthropic 開發的 Claude、Meta 的 Llama、以及韓國最大入口網站 Naver 推出的 Cue 等，都屬於生成式 AI。ChatGPT 可以說是拉開生成式 AI 序幕的代表。2022 年 11 月推出初期 Beta 服務，2023 年 5 月穩定的 Beta 服務開始，至今已經推出了收費版本 ChatGPT 4.0。ChatGPT 在世人面前亮相才一年多，但升級速度驚人。這代表新技術更新的速度比我們想像的要快得多。輝達（NVIDIA）執行長黃仁勳不久前在社拜舉行的世界政府峰會中曾表示，「雖說要學會編寫程式才能在人工智慧時代存活，但我們正在做的，是未來人類不需要寫程式。」生成式 AI 的發展速度非常快，而黃仁勳的話已成為現實。不久前一間開發公司「Cognition」，公開了名為「Devin」的 AI 工程師。這個 AI 工程師的能力非常出色，不只會編寫程式，還會在自己編寫的程式中發現錯誤時自行修改編碼。

另外，配置生成式 AI 的機器人也發展迅速。2023 年年底，特斯拉發表了一款名為「Optimus」的第二代人形機器人，包括細膩的手勢，行走速度都比第一代提高了三成。還有更令人驚訝的，是新創企業「Figure AI」所開發的 Figure01。當問到現在眼前有什麼東西時，Figure01 可以立刻説出擺放在面前的物品。當問到説「可以吃點東西嗎？」，Figure01 會準確地拿起桌子上的蘋果遞出。這是一款可以與人即時溝通、執行指令的機器人。

生成式 AI 將對未來產業的版圖產生強烈影響，這已經是眾所周知的事實。在第一章也提到過，生成式 AI 在教育領域也是目前的熱門話題。有一份關於「生成式 AI 時代，教育應朝什麼方向前進？」的研究，研究人員讓 ChatGPT-4 參與進行 SAT、ACT1[6]、AP、GRE（美國研究生資格考試）等考試，結果顯示，ChatGPT-4 獲得的分數都排名在前 10％中。這個結果意味著以現有的考試方式評量學生的能力是有侷限性的。

美國大學申請評量指標的 SAT 和 ACT 與韓國的考試不同，是不分年級，幾乎每月都可以參加的考試。但是即使參加很多次，獲得滿分，也無法保障就能申請進入一流大學。這與在韓國只要在高考中獲得高分就能進入前幾名的大學形成鮮明對比。另外，與 SAT 和 ACT 不同，AP 考試則是只有每年 5 月舉行一次。

6　American College Test. 是美國大學入學資格考試之一，進行英語、數學、閱讀理解、過夏、四個領域的考試。

留學就讀美國私立寄宿學校或在國內就讀國際學校的韓國學生，每年都會盡可能選擇較多科目參加 AP 考試以爭取分數。如果就讀的學校未教授 AP 科目，也會尋求補習班或自學來準備考試。因為這樣的風氣，所以很多美國寄宿學校或國際學校都會大打廣告，宣傳學校提供的 AP 科目可以修讀。習慣填鴨式學習規定科目的亞洲學生，大多會選擇就讀教授 AP 科目較多的學校。在韓國，學生也會選擇去以 SAT、ACT、AP 備考為主的補習班，或是找家教接受個人輔導，不過這些學費都不便宜。為了如願進入美國一流大學，不惜最大限度地投入費用、時間、資源。

雖然花了那麼多錢、努力和時間認真準備考試，但現況卻是逐漸變化中。即使在這些考試中獲得高分，但在美國大學入學申請中，這些考試的重要性正逐漸下降，這些我們在第一部已提到過了。再加上像 ChatGPT 這類生成式 AI 的出現，人們需要經過好幾年努力才能獲得的分數，有 ChatGPT 就可以在很短的時間內達成。今日令人驚訝的成果，明天就成為歷史了。因為此時此刻，ChatGPT 也在急速進化中。

以目前最新的 ChatGPT-4 的來說，使用者不必經過層層選擇和指示，只要輸入一個指令，ChatGPT 就會自行選擇是要用微軟的 Bing 搜尋，或是數據分析，又或是運用 Open AI 開發的人工智慧繪圖軟體 DALL-E 生成圖像等。也就是說，ChatGPT 會提供給使用者適當的答案。人工智慧隨時都在進化，以現有方式學習的孩子長大後出社會，工作可能都會被 AI 完全取代，這已經不是無稽之談了。也就是說，如果再不改變教育方式，我們的孩子將來失敗的可能性會越來越大。

未來社會將與人工智慧共存，時代的潮流已經無法逆轉。因此，必須知道應該如何與 ChatGPT 這類的工具進行對話，如何將從中獲得的資訊應用到自己的業務和學業上。這些技術已經進入我們的日常，懂得如何利用和共存能力，才是照亮孩子未來道路的方法。

用 ChatGPT 與孩子一同制定旅行計劃

在位於印尼峇里島的國際學校「綠色學校」(Green School)的標語中,有一句話讓我印象深刻,就是「有目標的蓬勃發展」(Thrive with purpose)。當我們有了目標,就會發現人生的意義,每天的生活都會更加充實。對孩子們也一樣,當發現了生活的目標時,孩子們就會像盛開的花朵一樣,將自己內在的潛力發揮出來。不需要別人指使,而是自發性地找到自己想投入和奉獻的目的,展現自己的色彩。

我認為讓孩子發現自己興趣的最好方法就是旅行。把一年的補習班費用省下來,和孩子一起規劃「有目的」的旅行吧!從長遠來看,這會是更有價值、更有收穫的學習。在這裡的旅行並不是指去大家都會去的觀光景點拍照打卡、吃美食後就回家,而是要找尋能夠擴大孩子的視野,刺激孩子感受力的環境,讓他們親身去體驗。為孩子擁有的潛力小火苗,加一點油和燃料,讓火可以燃燒得更旺更久,這才是活的教育。

如果孩子對生態或環境感興趣，前面提到在峇里島的綠色學校會是很好的選擇。這所學校蓋在樹林裡，學生就在大自然裡上課，學習耕作，也學習科學知識、運動等，學的都是真實生動的課程。我也很想送兒子去那裡唸個一年。即使不去唸綠色學校，也可以參考他們的課程，制定旅行計劃或在當地生活一段間。

　　像這樣與孩子一起的旅行，準備期間可以拉長一點，一年到二年都沒關係。在準備期間，父母和孩子可以一起閱讀或尋找許多相關係的資料、討論、規劃，無形中就可以達到教育效果。旅行體驗學習的開始，是從出發前的蒐集資料和規劃算起。現在已經不是用考試分數決定孩子未來的時代了，孩子需要的是多累積不同的「經驗」。唯有脫離熟悉的環境和生活方式，接受很多新的刺激，孩子的頭腦才會迅速發展，培養洞察力和創造力。不要忘了，「旅行就是最好的學校」。

　　每當被問到「面對人工智慧的時代，在日常生活中要如何教育」這個問題時，我都會推薦在與孩子進行體驗學習或制定旅行計劃時，可以利用 ChatGPT。要讓孩子熟悉人工智慧的最好方法，就是教導孩子如何與 ChatGPT 這類工具對話。

　　ChatGPT 目前有付費和免費兩種版本，用免費版（ChatGPT-3.5）也能進行本書中介紹的活動，不過付費版的 ChatGPT-4 具備「多模態」（Multi-Modality），提高了處理包括圖像在內的多種形態數據的能力。也就是說，以文本為主可以使用免費版，但若要生成圖像就要用付費版比較合適。付費版目前每月 22 美元（含稅），對有意利用 ChatGPT 作為教育工具的父母，應該不是太大的負擔。

既然提到了，就來談談 ChatGPT-4 的多模態。目前可以在 ChatGPT 的對話框內上傳 PDF 或 Excel 檔案，要求分析或摘要內容。另外，也可以透過語音發送和接收。例如可以根據自己選擇的主題和等級，用 ChatGPT 進行英語會話練習。還可以上傳有靈感的影像，指示 ChatGPT 針對該影像的感覺來作詞、作曲或構思劇本。在 ChatGPT-4 中的多模態功能的意義就是可以整合、處理多種類型的資料。現在像 Open AI、微軟、谷歌已經在這個領域占領先機了。

　　若能活用 ChatGPT，可以進行的教育是無窮無盡的。以下就用 ChatGPT 協助制定「和孩子一起到海外生活一個月」的計劃。方法不難，首先可以透過以下的 QR-Code 下載 ChatGPT，若有谷歌帳號可以直接登錄，若沒有就加入新會員後登錄。

- **ChatGPT 首頁**

　　登錄後，在畫面下方會出現「Message ChatGPT……」的對話框，在這裡輸入問題，不到幾秒鐘 ChatGPT 就會回答。我以制定「和孩子一起在海外生活一個月」的計劃為題[註]，向 ChatGPT 進行以下提問。

註：以繁體中文提問重新截圖

「我住在韓國，三個兒子分別是 11 歲、8 歲、2 歲。為了讓孩子們學習其他文化和語言，計畫去海外旅行一個月。希望能告訴我值得一去的國家和推薦的理由。」

以下圖片是 ChatGPT 回覆的截圖。ChatGPT 推薦了台灣、日本、西班牙、加拿大、泰國這 5 個國家，但有部分是旅遊經費高昂的國家。

ChatGPT ˅

TW 台灣
語言：中文（與韓國學校所學的中文相接軌）
推薦城市：台南、台中、花蓮
優點：
- 文化接近、治安好、人民親切
- 小孩可參加語言課程或短期營隊
- 餐飲選擇多樣，對孩子友善
- 自然與都市兼備，生活節奏適中

  適合重點：中文強化 + 文化深度體驗

JP 日本
語言：日文
推薦城市：松本（安靜、安全）、金澤（文化豐富）、福岡（生活便利）
優點：
- 距離近、飛行時間短
- 社會秩序良好，對育兒非常友善
- 可體驗不同於韓國的教育文化與生活方式

  適合重點：文化對比 + 規律生活體驗

ChatGPT

ES 西班牙

語言：西班牙語
推薦城市：瓦倫西亞、格拉納達
優點：

- 語言普及全球，未來發展性強
- 氣候溫暖，人們熱情開放
- 有許多短期語言營可選，適合8歲與11歲孩子
  適合重點：學習新語言＋異國文化浸潤

CA 加拿大

語言：英語、法語（如在蒙特婁）
推薦城市：維多利亞、蒙特婁、哈利法克斯
優點：

- 教育制度成熟，有不少短期營隊
- 自然資源豐富，適合戶外活動
- 多元文化，讓孩子見識不同族群的生活方式
  適合重點：英語學習＋大自然探索

ChatGPT

TH 泰國（清邁）

語言：英語（大多以國際學校或遊學營形式）
推薦城市：清邁
優點：

- 成本相對低廉，有許多親子旅居資源
- 有許多為外國人設計的短期學習／親子社群
- 自然與文化兼具，節奏悠閒
  適合重點：多文化交流＋英語生活環境

小提醒：帶著2歲孩子一起旅行

- 建議避免氣候過於炎熱或濕冷的國家
- 確保醫療資源方便（如台灣、日本、加拿大等地）
- 可選擇有兒童遊樂設施、公園多、親子設施完善的城市

下一步我可以協助你：

- 安排行程建議（依你想去的國家）
- 幫你找親子語言學校、營隊或體驗活動
- 列出住宿、生活費、交通等預算估算

如果想獲得比較好的回答，問題就要越仔細越好。因此我修正了一下，這回提問限定一個月的預算，我預估了每月花費不超過 1000 美元，要求 ChatGPT 再次回答。

「我們的預算有限，所以希望參考最近的匯率和當地物價，找出每月花費不超過 1000 美元的合適國家。」

ChatGPT

✅ **綜合比較對照表**

項目	台灣	泰國（清邁）	越南（河內/峴港）
每月生活費	700–900 USD	800–1,000 USD	<1,000 USD
語言	中文	英＋當地語（泰語）	英＋越南語
醫療與安全	非常好	適中，有國際醫院	宜人，但需注意公共衛生
氣候	溫和	炎熱潮濕	熱，部分地區潮濕

💡 **建議策略**

- 選擇台灣：如果重視語言學習、安全與便利，適合有 2 歲幼兒的家庭。
- 選擇清邁：若想體驗異國文化，英語使用便利且願意住得簡約。
- 選擇越南：預算最省、文化衝擊新，但育兒設施可能略遜。

你可以先決定希望著重哪種語言或文化環境，再進一步幫你規劃住宿預算、親子活動或語言營隊。想深入了解哪一個國家嗎？我可以接著幫你分析具體花費、適合家庭的住宿區域與孩子可參加的活動。

我的問題改過之後，ChatGPT 也顯示了物價較低的國家，並介紹這些國家一個月的生活費及相關資訊。接下來，就可以和孩子一起討論，在 ChatGPT 推薦的幾個國家中挑選目的地。決定好了，就可以再問問 ChatGPT，在那裡住一個月可以去哪些地方？有什麼推薦的活動？

我以 ChatGPT 提供答案為基礎，再用谷歌和社群軟體簡單調查一下，不過發現 ChatGPT 推薦的國家中與我的預期有點差距，於是就以之前我和妻子曾想過要帶孩子去的馬來西亞為關鍵詞，再次向 ChatGPT 提出問題。

　　「雖然不在名單上，但我對馬來西亞很感興趣。請推薦與三個年幼的兒子一起在馬來西亞生活一個月的行程安排。」

ChatGPT ⌄　　　　　　　　　　　　　　　　　　　　　　　⬆ 分享

馬來西亞是一個非常適合帶小孩短期生活的國家，融合多元文化、英語環境、自然生態與親子友善基礎設施。若以一個月為期，這裡為你和三個孩子（11歲、8歲、2歲）設計一份實用且具文化體驗的馬來西亞親子生活行程建議：

🇲🇾 為什麼選擇馬來西亞？

- **語言便利**：英語普遍使用，華語也通行，與韓國小學生接觸的語言有連結。
- **文化豐富**：馬來、華人、印度文化融合，孩子能體驗多元文化。
- **生活費低廉**：一家四口一個月約需800–1,200美元（依住宿型態不同）。
- **教育資源多元**：有短期國際學校課程與親子營隊。
- **對兒童友善**：公共設施多，有各類室內遊樂空間。

🏠 推薦城市與住宿地點

1. 吉隆坡（Kuala Lumpur）

- 國際化大都市，適合短期生活與教育活動
- 公共交通便利，購物與飲食選擇豐富
- 有大型親子景點（如雙子星塔、科學館、動物園、室內樂園）

> **ChatGPT** ～　　　　　　　　　　　　　　　　　　　　　　　　　　　　△ 分享　…
>
> 📅 一個月行程建議
>
> | 週次 | 活動主軸 | 建議安排 |
> |---|---|---|
> | 第1週 | 適應與探索 | `<ul><li>`安頓住宿、超市採買`</li><li>`參觀當地夜市與美食中心`</li><li>`安排語言體驗班（如簡單英文或華語課程）`</li></ul>` |
> | 第2週 | 文化學習 | `<ul><li>`參觀博物館（如伊斯蘭藝術博物館、國家博物館）`</li><li>`拜訪清真寺、印度廟、佛寺，學習宗教多樣性`</li></ul>` |
> | 第3週 | 自然與動物 | `<ul><li>`郊遊：馬來西亞熱帶植物園、動物園、水族館`</li><li>`短程到森林保護區、生態園區（如KL的FRIM）`</li></ul>` |
> | 第4週 | 小旅遊 + 總結 | `<ul><li>`前往檳城或馬六甲做週末短途旅遊`</li><li>`紀錄孩子學到的事、拍攝家庭影片`</li></ul>` |

ChatGPT 再度更新，在短短數秒內列出在馬來西亞一個月可以去的地方，以及有哪些活動值得體驗。從這些資料中，我想到朋友曾推薦過的地方，還有孩子想去的地方，於是我再次把範圍限縮在適合精力充沛、喜歡戶外活動的孩子的地方。

第五章　在家也能輕鬆完成的實戰 AI 課程　169

「我的孩子很活潑、喜歡戶外活動。我的朋友推薦過可以去新山,請告訴我是否應該把新山納入行程中?」

> ChatGPT
>
> **MY 為什麼選擇 新山（Johor Bahru）?**
>
> ✅ **適合孩子的理由**
>
> 1. 主打家庭娛樂城:
>   - 🧱 LEGOLAND Malaysia Resort:包含樂高主題樂園、水上樂園與探索中心,8歲與11歲會玩得非常開心,2歲也有適合的區域。
>   - 🦖 Dinosaurs Alive Water Theme Park:恐龍主題戶外水樂園,非常適合愛冒險的小孩。
>   - 🐦 Angry Birds Activity Park（室內遊樂園）:適合2歲孩子安全地玩樂。
> 2. 大型公園與自然體驗:
>   - 🌳 Hutan Bandar Recreational Park:有湖泊、樹林、遊樂設施,是當地家庭的最愛。
>   - 🐒 Johor Zoo:小而親民的動物園,便宜且適合全家散步。
>   - 🦋 Eco Botanic Park:新興社區裡的生態綠地,享靜、安全。
> 3. 親子友善社區多:
>   - 新山很多新建社區（如Bukit Indah、Eco Botanic）規劃完善,有游泳池、遊樂區、步道,非常適合家庭短住。

針對這個問題,ChatGPT 條列了七個推薦地點,並顯示新山是很適合戶外活動的地點。接下來我針對停留時間,要求 ChatGPT 提供費用在內更詳細的訊息。

「希望提供在新山以公園和植物園等地點為中心，為時兩天的行程安排。」

ChatGPT ∨

15:30–17:30	🌳 Taman Merdeka 公園 - 環湖散步＋小船租借（約RM10） - 有小型戲水池（建議攜帶換洗衣物）
18:30	【晚餐】回Bukit Indah附近吃家庭餐廳（中餐或馬來餐皆有）
20:00	回住所休息，可散步社區綠地或夜市逛一逛（Eco Botanic Night Market，如碰上）

📅 Day 2：熱帶植物與科學樂園結合體驗

時間	行程內容
08:30	【早餐】簡單家中自煮或Cafe早餐
09:30–12:00	🌿 Herb and Spice Garden, Kota Iskandar - 免費植物園，展示多種熱帶香草植物與藥草，適合自然教學 - 適合拍照與親子觀察活動
12:30–14:00	【午餐】在 Eco Botanic Mall 內享用親子餐廳（如韓式、日式或義大利麵）
14:30–17:30	🐾 Sungai Melayu Eco Village（可選）／或 Petting Zoo 選項A： - 生態村導覽、紅樹林步道（須事先聯絡安排導覽） 選項B： - Johor Farm Stay / Mini Zoo（可接觸小羊、兔子等）
18:30	【晚餐】前往當地夜市或點外送回家輕鬆吃飯
20:00	回住所整理照片與日記（可鼓勵孩子畫下他們今天看到的植物或動物）

📋 備註與貼心提醒：

- ☀ 隨身攜帶防曬、帽子、水壺與防蚊液
- 🚗 建議使用Grab App叫車，方便且便宜
- 🔍 建議攜帶望遠鏡或放大鏡讓孩子觀察自然
- ☁ 馬來西亞午後可能有短暫雷雨，上午活動多安排戶外

接著 ChatGPT 提出比之前更詳細的資訊，還分上、下午安排活動，如要更詳盡的資料，還可請 ChatGPT 將各個地點的入場費、開放時間等資訊也列出來。

☑ 小結比較表

景點	入場費	開放時間	適合活動
Hutan Bandar	免費	07:00–23:00	森林步道、野餐、兒童遊戲
Taman Merdeka	免費	07:00–19:00（全天可逗留）	湖邊散步、小船租借、戲水池
Herb & Spice Garden	約4–10USD（RM18–45）	約09:00–17:00（依園區政策）	香草導覽、認識植物、互動教學

一直以來，包括制定旅行計劃，每當我們想搜尋某種資訊時，都是透過入口網站搜尋引擎，例如谷歌。這樣的方式因為熟悉且容易上手，所以目前大家還是很習慣用網站搜尋。既然這樣，那為什麼還要教孩子怎麼使用 ChatGPT 呢？因為看起來為了取得資訊，得一再重覆詢問更細節的問題，這樣的過程讓不少人覺得繁瑣。

每次聽到這種問題，我都會回答：「**就是因為那樣所以才要用 ChatGPT 啊**。」透過不斷修改問題，直到 ChatGPT 提供滿意的答覆為止，這樣的過程可以讓孩子學習如何提問，才能切中核心，迅速得到真正想得到的答案。也就是要學習如何問對問題。過去是丟出問題給孩子，能回答出正確答案就代表成功；但是在未來比起擅長回答，能問對問題的孩子會更受矚目。正確的答案來自於正確的提問。特別是進入以學習大量數據資料為基礎進行綜合推論產生內容

的生成式 AI 時代，誘導 AI 從學習的數據中提取有意義的訊息，也就是懂得提出有意義的問題的能力是必不可少的。

未來教育的趨勢是混合式教育，需要具備能夠靈活運用各種網路工具，同時又能親自教授的能力。用 ChatGPT 制定旅行計劃，就是進行這種混合式教育最簡單有效的方法。所以各位家長可以參考前面的內容，今天就開始和孩子一起運用 ChatGPT 制定旅行計劃吧。一邊詢問一邊修改問題，直到取得滿意的答覆為止。

用 ChatGPT 製作孩子的第一本書

　　上一個章節用 ChatGPT 和孩子一起制定旅行計劃，這回就用 ChatGPT 來刺激孩子的想像力，培養人文素養吧。就是利用 ChatGPT 為孩子製作一本電子書。ChatGPT 不僅可以分析數據，還可以生成圖像、搜尋，大部份透過網路完成的工作，在一個空間裡 ChatGPT 就能全部包辦。如果孩子年紀還小，可以利用 ChatGPT 生成圖像和文章，製作符合孩子理解能力的童話書。如果是孩子已經會操作電腦等工具，就可以讓孩子直接使用 ChatGPT 建構故事、生成影像，製作屬於自己的電子書。

1. 要求生成與圖片相符的文本

　　在利用 ChatGPT 正式製作書籍之前，可以先熱身一下。將喜歡的圖片上傳到 ChatGPT[註]，然後要求進行說明。如此生成的文本在之後製作書籍時也可以使用。在這裡建議使用升級的付費版本

註：免費版「未登入」不能上傳檔案

ChatGPT-4 較好，因為 ChatGPT-4 的多模態功能可以同時處理各種類型的資料，一次同時生成圖像和文章。

我在 ChatGPT 的對話框上傳了在谷歌搜尋到的紅龍圖片，並要求 ChatGPT 具體說明這個圖像。幾秒鐘後，如圖所示，ChatGPT 對這個圖像進行非常詳細的描述。ChatGPT 生成的英語文本，讓長期居住在美國的我，也覺得用詞精確有深度。也可以拿同樣的圖片讓孩子描述，然後將孩子描述的內容與 ChatGPT 生成的內容對照找出其中的差異性。其實沒有必要非得用英文生成說明內容，不過因為 ChatGPT 學習的資料還是以英文為主，比起生成韓文的內容，英語文本在表達的準確性和豐富性方面相對比較好。

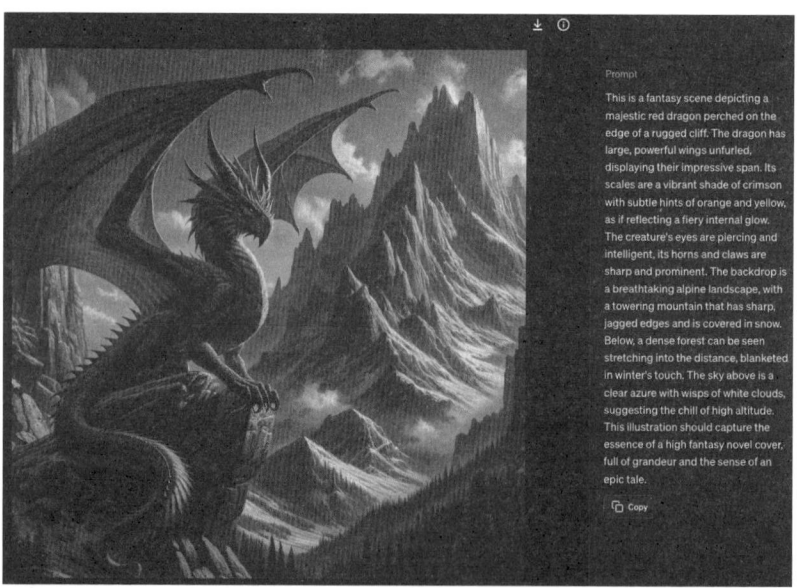

▲ 當我給 ChatGPT 一張紅龍的圖片並要求用英語描述它時，產生了右側文字。

2. 要求生成在腦海中想像的圖像

這次要反過來，在對話框先描述希望 ChatGPT 生成的畫面。或許要立即描述有難度，那麼可以先將 1 中獲得的文本複製後貼在對話框中，稍微修改一下內容，再要求生成圖像。像我就把文本中的紅龍改成藍龍。

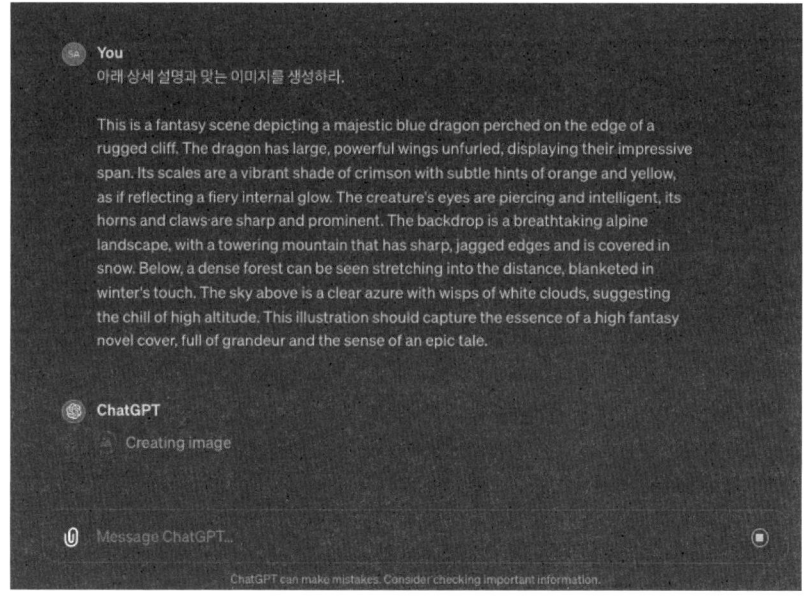

▲ 我再次向 ChatGPT 提供它創建的文本，並要求它生成一張圖片。

如圖所示，ChatGPT 在數秒內生成圖像。從這個例子可以看出，ChatGPT 根據描述的細節程度的不同，生成出的圖像與原本的也會有差異。反覆進行這樣的過程，就會知道如果希望 ChatGPT 生成的圖像跟我想像的一模一樣，應該要如何詳細、具體的描述。

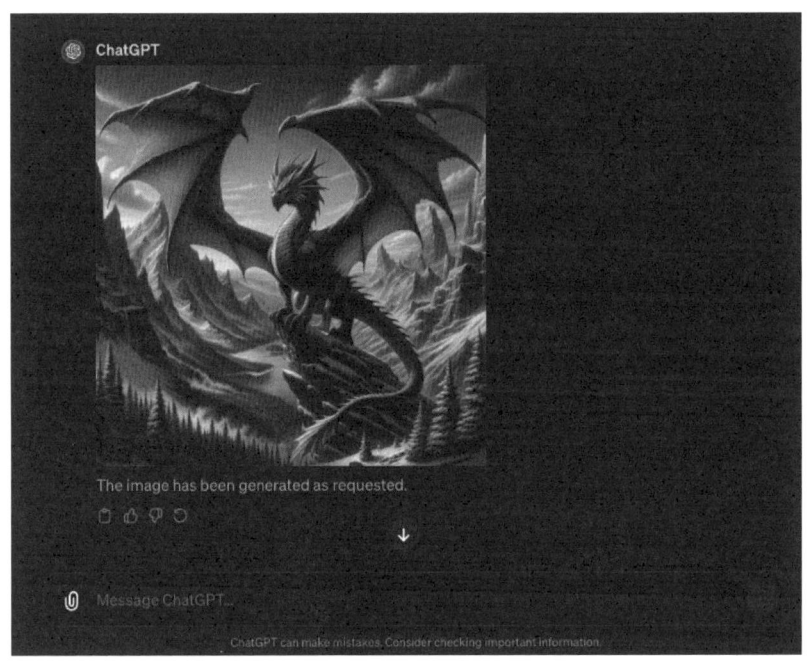

▲ ChatGPT 產生的新圖像。

3. 製作包含想像圖像的童話書

透過 1 和 2 知道如何利用 ChatGPT 生成符合圖像的文本,以及符合文字描述的圖像之後,現在將兩者結合,與孩子一起製作電子書吧。

在上述的示範中,我們選擇了孩子比較喜歡的藍龍圖片,然後請 ChatGPT 根據孩子的年齡,生成 20 頁左右包含文字和圖片的有趣故事。

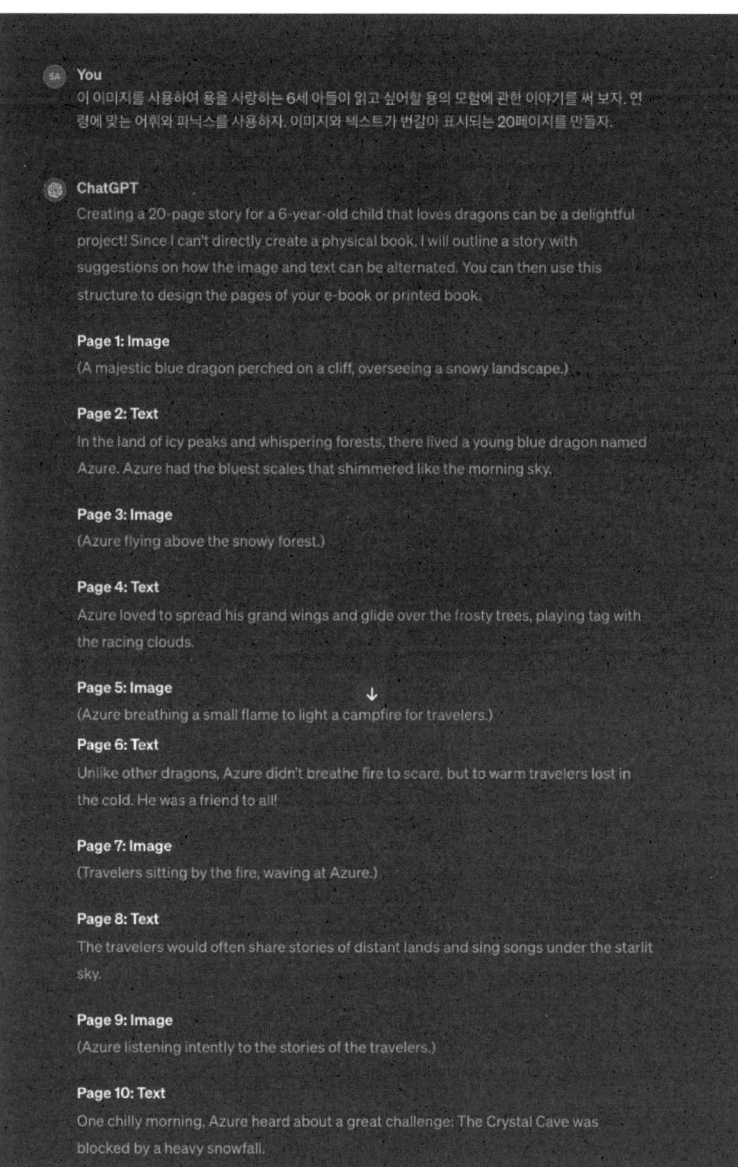

▲ ChatGPT 產出故事和圖片部分成果，適合 20 頁的故事。

▲ ChatGPT 修改並產出一個藍龍圖像，使其更加可愛，適合孩子的年齡。

同樣的，ChatGPT 也在數秒內創造出具備起承轉合的故事。令人驚訝的是，整個故事按照 20 頁的有限頁面適當地分配和構成。照這樣的方式，家長可以和孩子討論一下想要什麼樣的故事，把 ChatGPT 生成的結果逐漸修改成符合孩子的想像，合力完成一本電子書吧。

當然,家長可以從頭到尾為孩子製作,但無論是圖片或文字,只要引導孩子參與其中一部分的生成和修改,就會有顯著的教育效果,非常推薦家長嘗試。

如果想將從 ChatGPT 獲得的故事和圖像製作成書收藏並不難,可以利用像「MiriCanvas」或「Canva」等設計平臺,都有提供各式樣板,即使不是專業設計者,也可以將文本和圖片進行排版製成一本書。

■ MiriCanvas

■ Canva

製作好的電子檔案可以利用收費印刷服務印製成實體書，也可以用 PDF 格式轉成電子書。像這樣在製作書的時候，可以多詢問孩子的想法，例如用什麼字體？用什麼圖片當封面等，一起思考及決定。在前面也一再強調，這樣的過程對孩子來說是很好的經驗和學習。

　　我用這種方式實際為 2 歲的小兒子製作了電子書。小兒子很喜歡汽車，尤其是美國特有的大型垃圾車，但是以垃圾車為主角的書並不多，所以我利用 ChatGPT 製作了《Gary the Garbage Truck》的系列童話書給小兒子，兒子當然非常開心。後來我又以孩子喜歡的烏龜和海狗為主角，製作一本與海洋環境有關的童話書。我將用 ChatGPT 製作的書，活用在育兒生活中。

　　廣義來看，利用 ChatGPT 製作電子書也可是一門人文素養課。在第一部中提到過，到了第四次產業革命時代，科學、技術、工學、數學等融合的教育非常重要。但是光靠透過 STEM 教育學到的技巧，並不足以成為未來社會需要的人才。只有對圍繞在人類周圍的環境有全面的理解和敏銳度，才是具備全方位能力的人才。

　　特別是「創造動人故事的能力」，也有人說是「講故事的能力」會變得非常重要。好的故事不僅能打動人心、注入力量，更對選擇和決定產生巨大影響。德國媒體人莎米拉・El・瓦索爾（Samira El Ouassil）和弗里德曼・卡里格（Friedemann Karig）曾在合著的著作《講故事的猴子》（暫譯。德文原文：Erzählende Affen）中談到故事的強大力量。如今，ChatGPT 只需要幾個線索就能創造出具有

起承轉合結構的故事,但不要忘了,給這個故事注入細節、感性和倫理的最終還是「利用 ChatGPT 的人」。透過利用 AI 和孩子一起製作電子書的過程,可以讓孩子了解,製作故事的主體最終還是人類,人類要做的就是如何善用人工智慧。

▲ 使用 ChatGPT 製作的故事書。

活用谷歌,就能培養孩子未來的力量

　　根據網路趨勢調查統計顯示,以 2024 年 2 月底為基準,韓國的網路搜尋引擎占有率分別是 NAVER57.74％、谷歌 32.42％、Daum4.87％、Bing2.80％。隨機問一個韓國人「搜尋」二字最先想到什麼?有 2／3 的人會說是「NAVER」。但是從最近的趨勢來看,谷歌正在逐漸追趕中。如果將範圍擴大到全世界,最多人使用的當然是谷歌。尤其是想找全球通用的英文的資料,例如國際學術論文、報告、發表資料等,都不可避免會使用谷歌搜尋引擎。雖然其他搜尋引擎也找得到,但從搜尋資料的數量和質量方面來看,還遠遠趕不上谷歌的資料庫。既然如此,若想培養孩子成為未來全球化的人才,就必須培養能夠好好利用谷歌的能力。

　　谷歌搜尋引擎有一個必須記住的概念,就是「SEO」(Search Engine Optinization,搜尋引擎最佳化)。是指掌握用戶的搜尋意圖,尋找暴露在谷歌的核心關鍵詞,調整網站的相應內容。SEO 之

所以重要,是因為除了像論文之類以學術目的搜尋外,在谷歌搜尋引擎中輸入關鍵詞,一般都會出現一連串的結果頁面,但大多數人都會停留在第一頁,很少會看到第二頁之後。因此,如果希望使用者能藉由搜尋進入自己的網站,如何讓網站可以出現在搜尋結果的第一頁就很重要。

要讓孩子活用谷歌搜尋引擎,首先必須先建立帳號,也就是電子郵件。有了帳號之後,谷歌就會用演算法追蹤使用者的興趣、習慣瀏覽的網站,這也是了解孩子喜好和興趣的最佳線索。另外,若孩子有了自己的帳號,也可以先將谷歌搜尋引擎內可能有害的關鍵詞先行過濾。

有了谷歌帳號之後,就可以教孩子選擇特定的關鍵詞進行搜尋。例如若想了解環保資訊,就輸入與環保相關的單詞(環保、生態、綠能等),看看出現哪些網站出現在搜尋結果的第一頁,接下來再討論看看那些網站為什麼會出現在第一頁。

如何有效利用谷歌搜尋引擎

我想先分享幾個可以更有效利用谷歌搜尋引擎的小秘訣。

進入有興趣的網頁,點擊滑鼠右鍵就可以看到檢視網頁原始碼,進入之後可以確認哪些關鍵詞可以優化為 SEO。例如進入 ChatGPT 網站,點擊滑鼠右鍵,查看頁面原始碼,就能看到該頁面

的編碼是如何完成的。在這裡會看到以「meta name = keyword」和「contens」為主的 HTML 代碼，就可以發現關鍵詞及說明。以 ChatGPT 網站為例，這個部分非常細緻地抓出了「ai chat、ai、chap gpt、chat gbt、ChatGPT3、ChatGPT login、ChatGPT website、chatbot gpt、open ai」等使用者想連接網頁時會使用的關鍵詞。從中可以發現，甚至還考慮到用錯誤的關鍵詞（例如 chap gpt、chat gbt）進行搜尋的可能性。

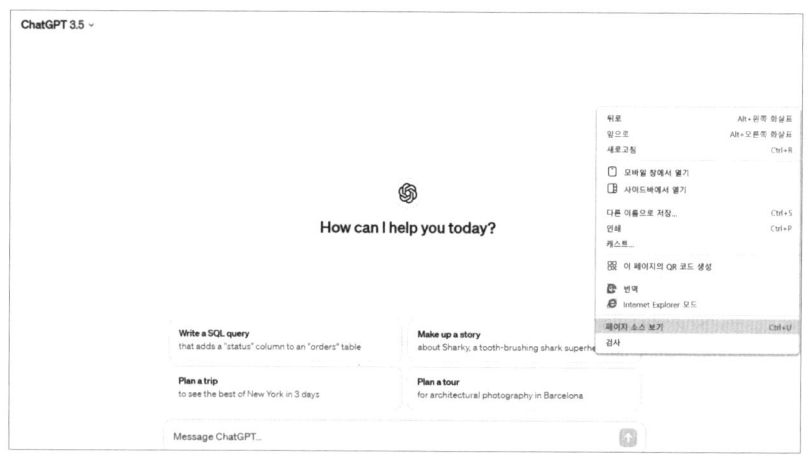

▲ 點擊滑鼠右鍵即可查看該網站的頁面原始碼。

　　一般搜尋結果的第一頁最上方，會出現付費的贊助商、廣告商的網頁。接著出現網站就是 SEO 做得很好的網站，因為他們不用付費也可以露出在第一頁。這就是可以和孩子好好分析討論的主題。

若在谷歌搜尋對話框內輸入「谷歌搜尋趨勢」（Google Trends），就可以知道即時搜尋最熱門的關鍵詞，甚至還可以查看不同國家或地區的狀況。所以若能好好利用谷歌搜尋趨勢，就能馬上掌握最新熱門話題和趨勢。

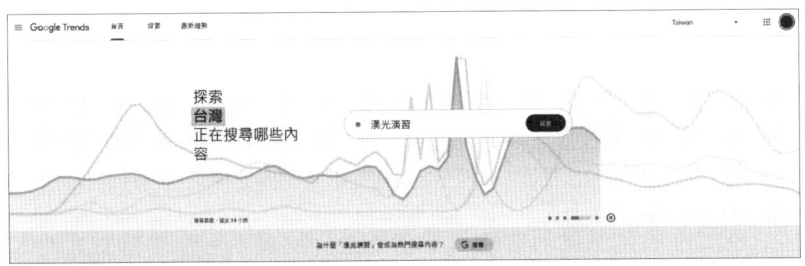

▲ Google Trends 截圖。

搜尋特定關鍵詞時，如果想了解更多相關網站訊息，可以在關鍵詞前加上「related：」，也就是「相關搜尋」。例如想知道與 CNN 相似的其他網站，就可以輸入「related：cnn.com」，就會出現其他相關網站資訊。如果孩子對環保能源相關的研究感興趣，想知道進行這類研究的學校有哪些、進行什麼研究，那麼可以輸入「site：edu sustainable energy」。若希望在顯示搜尋結果時有什麼必須包含或排除的訊息，就在搜尋內容後面加上「＋／－（關鍵詞名）」即可。

數位素養教育也很重要

在利用谷歌搜尋引擎時,不要忘了也要告訴孩子,千萬不要因為出現在搜尋結果的第一頁,就盲目相信所有訊息。使用 ChatGPT 時也一樣。尤其是近來假新聞(Fake News)越來越泛濫,人工智慧的進步也開始出現惡意利用 AI 製作的假影片的情況。因此要教導孩子不能無條件相信自己找到的資訊,應該要掌握訊息來源是否可靠,並懂得過濾的方法。這種能力被稱為「數位素養」(Digital Literacy)。

例如在看到某則新聞時,不能馬上全盤接受,也要看看其他人的反應,聽聽公信力較高的媒體如何報導,同時也可以分析討論為什麼該媒體可以得到大眾的信賴。在這個過程中,可以培養在未來社會必備的批判性思考能力。

對谷歌搜尋引擎的使用方法熟練後,就可以嘗試在網路經營部落格或製作網頁。近來美國的一流大學或企業,很多都開始用谷歌搜尋申請者或應徵者的資訊,例如參與過什麼活動。若能反過來利用這一點,讓孩子將自己的各種經驗,整理好後放在部落格或個人網頁中,將來就能成為申請入學或應徵工作的最佳資料。部落格或網站可以作為展示孩子活動足跡的空間,而建立和製作這些內容的過程,對孩子來說也是很有趣的學習和體驗。

想像一下我們在裝潢房子的時候，一定是先決定好整體的風格，然後依照風格決定壁紙或地板的顏色、瓷磚的花紋、傢俱的配置等等。部落格或網站也是一種空間，要放什麼內容、呈現什麼樣的版面，這些就跟裝潢房子一樣，要充分發揮感性打造屬於自己的空間，這樣才能讓人一眼就看出經營者的個性和魅力。

　　這個時候父母的作用就是提出問題的人，「首頁用什麼色調好？」、「應該把哪個類別放在最上面？」、「如何介紹自己？」父母提出問題，找答案的事就讓孩子自己來。搜尋、判斷、應用是孩子必須學習的事。

　　尋找自己喜歡的項目，運用設計思維規劃、執行，就能培養出創造力。在達到自己的目標前失敗、分析、修正、再嘗試，將個人的實力和成果展現出來，溝通能力和公民意識也會提高。再加上如果是與同儕一同進行，那麼還可以培養協調合作的能力。孩子不僅可以創造自己的故事，若前來瀏覽的人越來越多，孩子也會更有自信。

結語

無論世界如何變化，
都絕對不會失敗的教育法

　　以上我在本書中提到培養未來型人才的教育法，今後絕對不會變嗎？老實說，雖然身為作者，但是我沒有自信。因為現在一切都變得太快。當然，我可以肯定的是，就目前來說，這個教育方式是有效的。但我也必須承認，10 年、20 年後，這本書提出的教育法是否仍是培養翻轉者的方法，沒有人可以保證。因為世界正在以驚人的速度發展，我們無法預測今後還會遇到什麼樣的革新。但有三種教育方法是無論世界如何變化，都絕對不會失敗的。

　　第一，父母展現積極的學習態度。這裡所說的學習並非為幫助孩子在考試中取得高分而尋找「考前猜題」的情報，或到處打聽怎樣才能申請進入一流學校。而是要掌握世界的變化，學習接受新技術和資訊。例如學習像 Chat GPT 這類的人工智慧工具、觀察最

近人們都在關注什麼,並親自體驗、對於自己不了解的事不恥下問等。我們的孩子打從出生,智慧型手機和電腦就已經存在,他們是所謂的數位原生代,對這些機器的操作自然很快就能上手。相反地,身為數位移民的我們,如果不努力適應世界的變化,很容易會追不上而落後,產生疏離感或自信心低落。

所以我們不能滿足於自己目前擁有的知識,應該不斷學習新的知識和技術,這樣不僅有助於培養子女的軟實力,更重要的是也給為人父母的自己帶來新的機會。許多家長,尤其是女性,把子女養育長大並獨立後,會面臨所謂的「空巢期」。孩子長大離家,家裡頓時變得空盪盪,父母就很容易經歷憂鬱、悲傷、失落等症狀。養育子女既是父母的責任,也是可以感受到巨大成就感的任務。但這並不是一輩子的任務,雖然至少會花上 20 年的時間,但從整個人生來看,為養育子女而奉獻的時間其實並不長。再加上現在已進入「百歲時代」,人的壽命越來越長,在子女獨立後,父母也應該積極思考如何再創自己的生活。

結語

　　父母在日常生活中表現出積極學習的態度，最終都會對子女產生良好的影響。美國作家兼心理治療師羅伯特．富爾根（Robert Fulghum）曾說：「不要擔心孩子不聽你的話，應該擔心孩子正看著你。」孩子不是從父母的話中學習，而是從父母的行為中學習。如果父母在生活中表現出學習的欲望，不需要過度嘮叨，孩子看著父母自然而然就會了解學習的價值。

　　第二，培養善於提問的人。這句話的意思是，要培養能夠以不同角度提出問題的人，而非知道正確答案的人。不要忘了，一切創意的思考都是從「為什麼」開始。觀察韓國的教育，有一點讓我感到驚訝，就是父母長輩對孩子的期望在大學前後有很大的不同。大多數父母或老師都希望孩子到高中為止，在規定的框架內努力學習指定的內容。但當孩子上了大學、或成年進入社會後，卻希望他們成為善於發揮創意的人才。在生活方式和人生態度形成最重要的前20年，希望孩子當個符合體制規範的模範生，等過了那段時期，卻希望孩子成為有自己的想法，還有源源不絕創意的人，這根本是天方夜譚。想要當個有主見、個性鮮明的人，必須從小時候就對別人

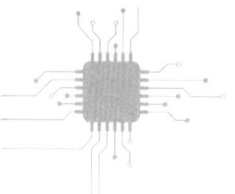

視為理所當然的事產生「為什麼」的質疑,並且要有能提出「為什麼」的環境。在前面也提到過,像 ChatGPT 這類的生成式人工智慧,根據人們如何提問,在回答時可能會出現極大差異。

不過要培養善於提問的人,需要父母付出很大的努力。如果父母對孩子提出的問題,以又累又麻煩為由而沒有任何回應,或者即使回應了,也只是敷衍了事的話,久而久之孩子就會對與父母對話、向父母提問失去興趣。若希望孩子充滿好奇心強、不畏懼挑戰的孩子,父母的耐心和積極參與是必須的。當然,從養育三個兒子的經驗來看,我可以充分理解這並不容易。但遺憾的是,孩子睜著炯炯有神的雙眼思考的時間很短暫。所以父母只要牢記那有限的時間,就不會覺得孩子常常問「為什麼」很煩了。

最後,在日常生活中一定要進行經濟教育。在各種教育領域中,我認為經濟教育應該在家中進行,因為所有家庭的經濟狀況和都不一樣,所以在學校要進行經濟教育多少有些困難。世界變得再快,有一個大趨勢不會改變,就是錢的流向。既然我們生活的世界是資本主義世界,那麼所有技術的發展、文化的擴散,都與經濟(金錢)

結語

有很大關係。擁有民間太空旅行、元宇宙等現今最新技術的都是資本雄厚的企業家。

另外,也應該接受並理解像比特幣之類的加密貨幣,已是現今經濟組成的重要部分。實際上在韓國,至今仍將傾向於加密貨幣視為投機。不過像比特幣由於整體發行量有限,可以說是像黃金一樣具有稀缺性的資產,所以有人說比特幣是「數位黃金」。要理解這個脈絡,就要了解中央銀行的貨幣發行和流通量。同時還要知道加密貨幣是以何種技術(區塊鏈技術)為基礎產生的。比特幣現貨ETF獲准上市的消息,也讓人預想到未來比特幣應該會更廣泛被接受,而且這個過程正在加速進行中。因此,教導孩子有關加密貨幣及區塊鏈技術等革新科技,不僅有助於構建子女的財務理解能力,對從更廣泛的角度理解經濟原理和提高對未來金融趨勢的認識也很重要。

最近還聽說很多父母在孩子還小的時候就幫他們開設證券帳戶,以用來購買股票投資,另一方面也是進行經濟教育。但就個人而言,這種形式的經濟教育只是傳授「如何賺錢」的有限教育。比起這些,我更希望帶著孩子到市場買東西,查看商品包裝上的產地

資訊，了解何謂進口、出口，能夠親身體驗的經濟教育，並培養關懷弱勢、助人的美德。這種方式的經濟教育可以讓孩子學到分享的價值，由此看來是非常有益的。

最後，我想對父母說，父母不需要幫孩子把碗裝滿，他們自己可以把碗裝滿。父母只要為孩子打造一個不會摔破碗的安全環境，接下來就是信任並關注孩子的成長。有時看到孩子受挫、失敗，難免會擔心、會心疼，但千萬要記住，這些都是成長的過程。不要剝奪孩子靠自己的力量把碗裝滿的機會。當然，眼睜睜看著孩子跌倒會不安，但為孩子的未來，父母的內心必須先具備勇氣。沒有任何遺產比父母的期待更偉大。

2AB118

哈佛不喜歡模範生：只會讀書的孩子將被 AI 取代！未來型人才的教育養成思維
공부만 잘하는 아이는 AI 로 대체됩니다
챗 GPT 시대，내 아이를 대체 불가한 미래형 인재로 키우는 특급 커리큘럼

作　　　者	安宰賢	製 版 印 刷	凱林彩印股份有限公司
譯　　　者	馮燕珠	初 版 1 刷	2025年7月
責 任 編 輯	單春蘭	Ｉ Ｓ Ｂ Ｎ	978-626-7683-33-0
版面編排	鄭力夫	Ｅ Ｉ Ｓ Ｂ Ｎ	978-626-7683-32-3（EPUB）
封面設計	走路花工作室	定　　　價	新台幣420元
資深行銷	楊惠潔	電子書定價	新台幣315元
行銷主任	辛政遠	※廠商合作、作者投稿、讀者意見回饋，請至：
通路經理	吳文龍	創意市集粉專　https://www.facebook.com/innofair
總 編 輯	姚蜀芸	創意市集信箱　ifbook@hmg.com.tw
副 社 長	黃錫鉉	
總 經 理	吳濱伶	Children Who Only Excel Academically Will Be Replaced by AI
發 行 人	何飛鵬	Copyright 2024© by 安宰賢 (안재현)
		All rights reserved.
出　　版	創意市集 Inno-Fair	Complex Chinese copyright© 2025 by INNOFAIR, A DIVISION OF CITE PUBLISHING LTD
	城邦文化事業股份有限公司	Complex Chinese language edition arranged with Cassiopeia Publishing Company
發　　行	英屬蓋曼群島商家庭傳媒股份有限公司	through 韓國連亞國際文化傳播公司(yeona1230@naver.com)
	城邦分公司	
	115台北市南港區昆陽街16號8樓	

城邦讀書花園　http://www.cite.com.tw
客戶服務信箱　service@readingclub.com.tw
客戶服務專線　02-25007718、02-25007719
２４小時傳真　02-25001990、02-25001991
服 務 時 間　週一至週五9:30-12:00，13:30-17:00
劃 撥 帳 號　19863813　戶名：書虫股份有限公司
實體展售書店　115台北市南港區昆陽街16號5樓

※如有缺頁、破損，或需大量購書，都請與客服聯繫

香 港 發 行 所　城邦（香港）出版集團有限公司
　　　　　　　香港九龍土瓜灣土瓜灣道86號
　　　　　　　順聯工業大廈6樓A室
　　　　　　　Tel：(852)25086231
　　　　　　　Fax：(852)25789337
　　　　　　　E-mail：hkcite@biznetvigator.com

馬 新 發 行 所　城邦（馬新）出版集團 Cite (M) Sdn Bhd
　　　　　　　41, Jalan Radin Anum, Bandar Baru Sri Petaling, 57000 Kuala Lumpur, Malaysia.
　　　　　　　Tel：(603)90563833
　　　　　　　Fax：(603)90576622
　　　　　　　Email：services@cite.my

國家圖書館出版品預行編目資料

哈佛不喜歡模範生:只會讀書的孩子將被AI取代！未來型人才的教育養成思維/安宰賢著；馮燕珠譯. -- 初版. -- 臺北市：創意市集出版：城邦文化事業股份有限公司發行, 2025.07
面；　公分
ISBN 978-626-7683-33-0(平裝)

1.CST: 學習方法 2.CST: 兒童教育 3.CST: 人工智慧

521.1　　　　　　　　　　　　　114006776

Printed in Taiwan
版權所有，翻印必究